JN207083

ふるさと未来デザイン

ふるさと未来デザイン研究所

東急エージェンシー

はじめに

　地域商材を世の中のたくさんの人に手にしていただき、その力を地域の活性化につなげていくため、各地域の多くのみなさんが時間をかけて試行錯誤しています。

　みなさんがそれぞれに夢を持って、毎年、たくさんの地域生まれの商品が世の中にデビューします。しかし、市場でポジションを築けるのはほんの一部のものです。

　また社会の変化によって次々と生まれる新しい機会、地域の課題と向き合い奔走している方もいるでしょう。

　私たちは、戦略コンサルティング、商品企画・開発、マーケティング、広告・コミュケーション、地域活性化の実務経験者のメンバーで構成されたチームです。それぞれが、各々のプロジェクトにおいて、力のある商品・サービスをつくり、安定した継続的な成長をどう実現するか、どう成功する確率を高めていくかを課題に日々取り組んできました。ときに、複雑で困難な課題がありましたが、その都度課題と向き合い、その解決の糸口を見出してきました。

　そのメンバーが集まったときに、私たちのビジネス創造や課題解決の経験が、今日の地域活性化や地域創生に取り組まれる方々の役に立つのではないか、私たちの経験や知恵を活用してもらえるのではないか、こういう話になりました。

　ふるさと未来デザイン。ふるさとの未来をデザインする。

今日の地域活性化や地方創生を"ふるさとの未来デザイン"と置くと、今までと違う新しいものが見えてくるのではないか。

　そんな可能性を信じて、この名前を付けました。

　1つの商品・サービスの取り組みが入口となって、その地域のことをもっと知りたいと思っていただくにはどうするか、また行ってみたいと思ってもらうにはどうするか、いつか住みたいと思えるふるさとにするにはどうするか、私たちの視点から考えてみよう。こうしてこのチームは始動しました。

　私たちは、自ら地域発の商品・サービスに携わり、全国の多くの事例をリサーチし、そして各地に出向き関係者のご苦労や課題をお聞きすることを行い、議論してきました。

　時代や環境が変わり、その手法や伝え方は変化していきますが、成長チャンスの見つけ方や課題の見出し方、戦略の組み立て方にはゆるがない基本が存在します。しかも企業の取り組み方や方法が、これからの地域、自治体の活動に十分に取り入れていけることに気づきました。

　日々、地域活性化に向き合っているみなさんの取り組みや挑戦に、私たちの経験の中で得た知恵や工夫、アイデアがお役に立ってほしい、ここが本書の出発点です。

　ふるさとにある原石をどうやって発見し、商品・サービスとして磨き上げ、多くのお客さまに知っていただき、受け入れていただき、ファンになっていただける入口にしっかりと立てるのか、商品・サービスとの出会いをどうやって地域の価値向上、地域の活性化につなげていくか。このことについて本書の中で私たちの考えを述べていきたいと思います。

　各章には、理論ではなく、いくつもの事例、そしてその背景にあることを私たちの視点で紐解きました。そして、実務を経験してきた私たちの意見を盛り込みました。

　本書は実践的なスキルを体系立てて学ぶ機会が少ない方々、地域の活性化に挑戦している若い世代の方々、将来地域貢献を目指し現在学んでいる方、地域を変えていくため熱い志を持ち、孤軍奮闘している方にぜひ読んでいただきたい。みなさんへの私たちからのエールだと思って受け取っていただきたい。

　本書の中から、みなさんの成功につながるヒント、新たな挑戦につながるきっかけを見つけていただければ幸いです。

　　　　　"ふるさと未来デザイン"　開幕です。

目次

第3章　原石を磨く

第4章　世の中へ、デビュー！

第 1 章 ふるさとの未来を考える

例え生まれ育っていなくても、心惹かれる街、大切にしたいと感じる風景。

　こうした何かしら縁を感じる場所が、あなたにもありませんか。

　私たちは、それがあなたにとってのふるさとだと考えています。

　あなたにとってのふるさとは、いくつあっても構いません。

　ふるさとには郷愁があります。生命に満ちた場所があります。

　心に残る情景があります。

　これから先の未来、あなたのふるさとがいつまでもあり続けるために、考えるべき視点を紹介していきます。

ボクの街がどんどん寂しくなってくる。どうしよう

そういう時は視点を変えてみるのよ

1-1 | ふるさとの課題に 向き合い想うこと

　これは、ふるさとの未来を考える本です。

　ふるさとの未来を考えるとき、どんなことを心掛けたらよいのでしょうか？

　日本にはシャッターが閉まった商店街や、空き家が並ぶ街並み、荒れ放題となった雑木林といった風景がいたるところにあります。それらについて「昔は賑やかだったのに」とか「人通りがたくさんあってね」と過去を振り返り、くよくよ考えがちです。でも過去を振り返るだけでは、現状は変わりません。

　ましてや、新しいものなどは、まず生まれてきません。

　今を生きている子供たちにとっては、今の、この現状が当たり前です。子供たちは、あえて過去を振り返るようなことはしません。私たちはこれからのふるさとを考えるとき、子供たちのような思考回路が必要ではないかと考えています。つまり、現状は事実として当たり前のように受け止め、その上で未来を展望する。未来の展望を見据えて、新しい取り組みを企画していく。そうした地道な取り組みの積み重ねが、私たちのふるさとの未来につながっていく。そんな風に、私たちのふるさとの未来を考えていきませんか。

「国家の課題」と「ふるさとの課題」を 切り分けて考える

　ずいぶんと前から、TVやネットの情報サイトでは、地方の課題として次のようなことが問われ続けています。

- 人口減少

9

- 少子高齢化

- 経済縮小

- 地域衰退

果たして、これらは本当に地方の課題なのでしょうか？

地域が自助努力をして、自ら解決していく課題のように受け止められがちですが、本当にそうでしょうか？

地域活性化がうまくいっている市町村の取り組みが、事例としてよく紹介されます。では、うまくいっていない地域は問題だ、ということになるのでしょうか？

私たちはそうは考えません。「人口減少」「少子高齢化」「経済縮小」「地域衰退」これらは地方の課題ではなく、国家の課題だからです。日本全国あらゆるところで、これらは問題として顕在化しています。仮に、一時的にも人口増に転じた町があったとしましょう。マスコミはもてはやすかもしれませんが、所詮、局所的な話にすぎません。全国規模で見てみれば、どこかの人口が減ったから、そのぶん増えたという現象に過ぎないのです。

そもそもですが、これらの課題が表面化したのは約30年前です。じわじわと日本各地を蝕んできました。長い年月をかけて深刻化していったわけです。だから、そう簡単には解決できるものではありません。解決していくには、30年から50年のスパンでやっていくべきものです。そういう意味でも、これらの課題を解決する主体は、国家であるべきだと考えます。

実際そうなっていて、国家は何年も前から取り組んでいます。毎年、1兆円を超える予算[a]が、地域の問題解決のために投入されています。でも、まだ目立った効果は出ていません。それだけ難易度が高く、長期的な課題ということだということがわかります。

人口減少や少子高齢化、これらは国家の課題であると割り切ってはいかがでしょうか。その上で、私たちがふるさとの未来のためにできること、これを考えていくことが本書のメインテーマであります。

ふるさとの課題の原点は交流の創出

　地方にのしかかる重たい課題、人口減少や少子高齢化を脇に置いておき、その上で課題は何なのか考えてみましょう。

　活気のある町や村をよく観察してみます。すると共通したあるものが見えてきます。

　そこには、必ず交流があります。至るところで人が行きかい、集まり、楽しそうにコミュニケーションしている姿があるはずです。人だけではなくモノの交流も盛んです。地元の農産物・加工品・雑貨・工芸品・嗜好品・アパレルといった様々な生活用品が、頻繁に流通しています。さらに、人やモノを介してサービスを提供する場、レストランやカフェ、雑貨屋、コスメショップ、リラクゼーションサロンなど、個性的な店舗が並んでいます。賑わいのある交流の場が発達してくると、外からも人が訪れてくるようになり、ますます交流が広がっていきます。

　私たち人間は、社会的な生き物です。一人で生きていくことはできません。人やモノが交流する場があってこそ、いきいきとした人生を送ることができます。人とモノの交流が盛んであること、これこそが、それぞれの地域社会を維持していくために一番大事なことではないでしょうか。

　人の交流には、地域内の交流もあれば、地域外の人たちとの交流もあります。モノの交流にも、地産地消のような内的な交流と、地域外へ積極的にモノを売っていく交流があります。2000年以降は、交流できる場に広がりができました。それはインターネットが出現したからです。それ以前は、リアルに人と人とが交流し、モノを売り買いする場でした。ところが21世紀になって、インターネットの中で人と人とが交流し、モノを売り買いする場が出来上がったのです。

　交流の場を新しく創り出したり、大きくしたりすること、これが私たちの考えるふるさとの課題です。この課題は、何年も前から地方に必要なことと

して叫ばれています。どの地方の自治体も交流を増やすために様々な取り組みを行っています。その上で私たちは、改めてふるさとの課題の原点は交流にあると考えています。

　交流を創り出していくことは、やる気さえあれば取り組めます。絵空事ではなく、地に足をつけて実践できる取り組みです。そして少しずつ、年を追うごとにその交流を増やしていけばよいのではないでしょうか。現在の交流の密度が1とするならば、翌年に1.2倍、翌々年にはさらにその1.2倍、というように毎年1.2倍ずつ大きくしていくと、5年後には始めた年の2.5倍の交流になります。少しずつ積み重ねていけば、10年後に交流は6倍まで広がっていきます。

日本全国を多彩な色に染めていく

　地方の課題となると、どうも一緒くたに議論されがちです。「都市と地域」「東京vs.地方」といったように、2つの色に分けて比較しまう傾向があります。なぜ、そうした思考回路になってしまうかというと、地方の課題を、東京という大都市で働いている人間が考えているからです。東京から見れば、どの地方も似たり寄ったりに見えてしまうわけですね。

　東京にある中央政府は、全国の地方に補助金を大量投入しています。地方を頑張らせて、何とかしようとしています。頑張ることはいいことなのですが、同じ目標と同じルールのもとで競い合うわけですから、みんな同じようなことをしてしまいます。そして、どこかの町や村の取り組みがうまくいくと、みんなすぐに真似してしまいます。そのほうがわかりやすいし、補助金に採択されやすいからです。地方がみんな同じような動きになってしまうのは、こうしたことが背景にあると考えています。

　補助金を獲得し、それを有効活用するのはとても大事なことです。しかし、補助金ばかりに頼ってしまうのはいかがなものでしょうか。

　地方はそれぞれ、地形も違えば、自然環境も違います。町や村の成り立ち

も違うし、文化的な背景も全く違います。そこで暮らしている人たちは、そうした自然環境と伝承された文化がベースにあります。だからもっともっと、それぞれの地元の特色を前面に打ち出していくことが大切だと考えています。

　日本に住む外国人が運営する、あるウェブサイトで、外国人向けに日本の観光の見どころがわかりやすく紹介されていました。その運営責任者のインタビュー記事でこのようなコメントが載せられています。

　「日本の一番の魅力は、多くの人が何かしら1つのことに情熱をもって取り組んでいることです。日本はスペシャリストの国であり、それは大きな強みです。ぜひ自分が情熱をもって、スペシャルに感じていることから説明を始めることをおすすめします。」[b]

　日本の市区町村の数は1724[c]あります。それぞれの自治体がそれぞれの特色を持っていけば、1724種類の色になります。日本を1724色に染めあげていく。そうなっていけば、もっともっと日本は魅力的な国になっていくことでしょう。

日本を1724色に染め上げる

ライフスタイルの変化から見えてくる、ふるさとの未来

　生活の豊かさを目指して働く時代は、過去のものとなりました。それは戦後の物資不足から始まり、近代化を目指していた日本の懐かしい頃のことです。その頃、みんな猛烈に働いていました。働いた報酬で世に出てくる家電製品を買い、余暇にレジャー施設や旅行に行って、少しずつ豊かさを実感できるようになった時代です。

　今は、モノが溢れかえっています。給料の何か月分もしていた家電製品は、居酒屋の飲み代の数回分で買えるようになりました。書籍を購入することでしか得られなかった情報は、キーワードを画面に入力するだけで瞬時に回答が出てくるようになりました。

　日本人を取り巻く生活環境は明らかに変化しています。そして、それに伴い人々の考え方も変化しています。個々人が使う時間、個々人が取る行動、そして個々人が大事にすることが変化しています。一言で言うと、価値観が変わるということですね。私たち日本人の価値観、それは時代や環境の変化とともに変わっていると実感できませんか。

　ここでは、価値観の変化がふるさとの未来にどんな影響を及ぼすのか、考えていきます。

コト消費時代の最盛期だからこそ、地方の強さが活かせてくる

　モノが溢れている世の中ですから、人々は単に安いとかだけで、好んで商品を買うことはなくなってきました。それから、決まりきった観光地を巡る

ツアーに、こぞって参加するようなこともなくなりました。単に与えられたモノやサービスにお金を払うだけでは、十分に満足できなくなったと言えるでしょう。

それよりも昨今は、モノやサービスを利用することによって得られる体験に重きを置くようになっています。代表的な例がディズニーランドでしょう。ディズニーランドの入場者数は、2000年までは年間1700万人前後を推移して頭打ちでしたが、2000年以降は着実に入場者数を伸ばし、今や2700万人を超えています[d]。あの空間でしか得られない共感や感動を体験するために、ファンやリピーターが年に何度も訪れます。こうした体験に重きを置く傾向は、桜の咲く並木道の様子や、花火大会の様子を想像しても実感できることでしょう。

体験を重視して、お金と時間を使う消費行動を「コト消費」と言います。

一方、価格や機能を重視する消費行動を「モノ消費」と言います。今は、コト消費の全盛期と言っていいでしょう。

私たちがコト消費で重きを置くのは、体験だけではありません。体験で得られる満足をさらに大きくする武器があります。それはインスタグラムに代表されるSNSです。SNSを使うことによって自らの体験を発信し、多くの人たちに、自らの体験を共有することができます。共有に同調する人たちが増えると、共鳴を呼びます。発信者は、自らの価値観が多くの人たちに肯定されることで大きな満足感を得られるのです。

地方には、都市にはない体験スポットやイベントが数限りなくあります。風景・眺望・美観・美術品・工芸・建築物・歴史・文化・食材・交流・祭り・農業・畜産業・漁業。これらは、それぞれの地方の独自のモノとして存在しています。これらのモノを実際に見て、体験し、感じ取って、そして共有する。

私たちのふるさとだからこそ体験できること、それを見出すことができれば大きな強みとなっていくことでしょう。

価値観が多様化しているからこそ、
地方の違いが武器になる

インターネットのない時代では、世の中の新しい情報や流行は、TV番組や新聞・雑誌の紙面でしか得ることはできませんでした。それらのメディアは、時間枠やスペースが限られているので、発信される情報が限られます。多くの国民は、その限られた情報に触れますから、同じような消費行動に走ります。まさに国民が同じような価値観を持っていたと言えるでしょう。それが昭和の時代でした。

今は違います。インターネットが世に定着した現在、発信される情報に限りはありません。誰もがいつでも好きな情報を発信できます。そして誰もが、自分が好む情報を選んで受け取れます。こうした情報へのアクセスが容易になることで、みんな一人ひとりが自身の考えを形成しやすくなりました。これが、価値観が多様化していると言われている一因です。

価値観が多様化してきている要因は、他にもあります。

- 各国間の移動が活発になって異なる文化や価値観に接する機会が増えた
- 集団や組織の意見を絶対視する風潮から、個人の意見や表現が尊重されるようになった
- 国際結婚や移住が徐々に増えて、色んな価値観の共存が社会に広がった

こうした価値観の多様化の傾向は、地方にとって大きなチャンスです。価値観が違えば好みも違うわけで、行動のとり方も違ってきます。誰もが同じような行動を取るというわけでなくなります。違いを活かせるのです。私たちのふるさとはどんな特徴があってどんな良いところがあるのか、それらを明確に打ち出していくことで、共感する人たちだけに届けることが可能です。

　価値観が均一の社会であれば、どの市町村も同じようなことをやる必要に迫られます。なぜなら、みんな同じように行動して同じように消費するからです。今は違います。隣の町と競争する必要はありません。成功事例をまねして、二番煎じをやる必要もありません。価値観が多様化している今だからこそ、ふるさとの違いを武器にしていきませんか。

働き方が変わっているからこそ、地方のゆとりが魅力になる

　働き方改革、ワークライフバランス、こうした用語が流行って久しくなりました。労働環境が改善されてくるにつれて、少しずつではありますが、私たちの働くことに対する価値観が変わってきています。

会社中心	⇔	自分中心
売上達成	⇔	自己実現
固定化した休暇	⇔	柔軟に取得可能な休暇
家族より仕事	⇔	家族あっての仕事
生活のため	⇔	楽しむため

　上記の比較において、過去は左側の考え方に近い人たちがかなり多かったと思います。がむしゃらに働くことで、生活の豊かさという果実を得ることができたからです。週末どんなに混雑したり渋滞したりしていたとしても、レジャーや旅行、そしてゴルフに出かけ、翌月曜には仕事に臨む、そうしたハードな環境を過ごしてきました。

　しかし、生活レベルがある一定レベル以上になった現在、考え方は変わりました。平日仕事で疲れ、土日はさらにレジャーで疲れる、という生活が足かせになってきたわけです。バブル崩壊後の長期に渡る経済低迷も、考え方の変化を後押ししました。会社が、社員一人ひとりの人生に責任を持てなく

なりました。そうした外部環境の変化によって、私たち日本人の仕事に対する考え方が、少しずつ上記の右側のほうへ変わっていったと考えています。

　私たちの働き方は随分と変わりました。

- 有休を消化することが義務化された
- 一定期間働くと、長期休暇が取れる制度を持つ会社が増えてきた
- 会社の飲み会や行事に強制参加することはなくなった
- 毎日出勤せずともテレワークで仕事ができるようになった

　こうした流れの中、自分の余暇を自分の好きなように過ごす人たちが確実に増えています。

　価値観が多様化し、自由な時間が増えていけば、人々の行動も多様化します。多少遠くても行きたい地方、過ごしたい地方があれば出かける人が出てきます。混み合う年末年始や夏休みを、あえて避けて余暇を過ごす人もいるでしょう。高級な旅館やホテルではなく、人里離れたキャンプ地や車の中で過ごしたいというという人もいます。都会にはない、ふるさとならではのゆとりある余暇の過ごし方、それを求めている人はこれからもますます増えていくはずです。

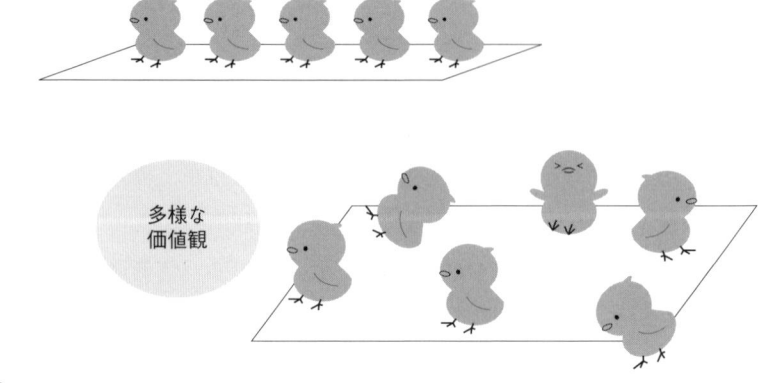

同じ価値観

多様な
価値観

1-3 ふるさとには「変えてはいけないもの」と「変えるべきもの」がある

　前節で世の中の価値観が変わってきているとお伝えしました。では、それに合わせて地方も変わっていく必要があるのでしょうか。

　それに対する回答は、YesでもありNoでもあります。ふるさとには、変えるべきものと変えてはいけないものがあります。ふるさとの未来に向けて、何かを変えようとするときには、考え方の整理が必要です。というのは、下手すると何でもかんでも変えてしまいかねません。特に、大きな取り組みであればあるほど影響範囲は大きくなりますから、本当は変えてはいけないところまで変えてしまう危険が伴います。逆に、あまりにも保守的になりすぎて、本当に変えなければならないところに至らず、上っ面だけ変えるに留まってしまうこともよくあることです。

　取り組みに着手する前に、一歩立ち止まり、空を飛ぶ鳥のように少し高い目線で考えていくことが大切になってきます。そうした考え方をしていくための４つの枠組みをご紹介しましょう。

ふるさとの未来を考える

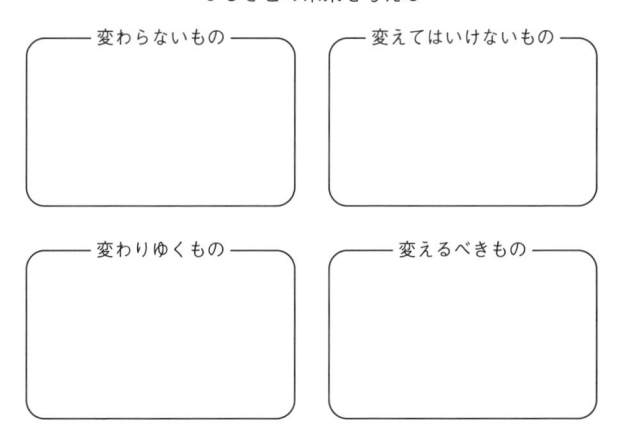

時が経っても「変わらないもの」

　地域を特徴づける地形や気候といったものは、ずっと変わらないものです。山に囲まれて海に面していない地域もあれば、川と平野が広がる地域もあります。降水量の少ない地域もあれば、冬にドカ雪が降り積もる地域もあります。

　住んでいる人たちは皆、与えられた地形と気候条件の元で暮らしています。それぞれの地域で培われてきた生活文化は、こうした風土と歴史から積み上げられてきた人々の知恵の結晶です。多少の外圧があっても揺るぐことはありません。こうした風土と生活文化は、その地域を最も特徴づけています。

時の流れとともに「変わりゆくもの」

　変わらないものがある一方で、時代とともに変わってゆくものがあります。それは、地域を取り巻く社会環境です。代表的なものは人口ですね。戦時の人口減（特に男性の人口減）を経て、高度成長期のベビーブーム、そして現代の人口減・少子高齢化に至るまで、人口構成は大きく変動しています。また時とともに、住居などの建物は劣化していきます。きちんとメンテナンスすれば維持できますが、放っておくと建物はあっという間に朽ちてしまいます。

　時代とともに人々の意識も変わります。生活の利便性が向上し、インターネットにより得られる情報量が格段に増えました。そうした変化が、人々の意識に反映されていきます。

　さらに、地球温暖化による影響もあります。農作物は、北の限界線がどんどん北上しています。これまで寒さで育たなかった農作物は、今では北の地域でも盛んに栽培されるようになりました。逆に魚介類は、昔は大漁に獲れ

ていたものがさっぱり獲れなくなったりもしています。

　これらの「変わりゆくもの」は、見えざる手によって変えられているかのように感じてしまいますが、原因はいずれも、我々人類の営みにあります。こうしたことを事実としてしっかり受け止め、向き合っていくことが求められてきます。

なくすと取り戻せなくなる「変えてはいけないもの」

　自然が織りなす美しい風景は、その地域ならではのものです。長い長い年月をかけて、少しずつ出来上がった産物といえるでしょう。地方には似た風景が広がっていると言われますが、決してそんなことはありません。それぞれの地形や気候条件の元で、独自の色を醸し出しています。そうした自然の産物を、大規模開発と称して壊してしまったら、もう二度と取り戻すことはできません。

　古くからの伝統行事も同様です。例えば、地元の祭りでは、担い手がいなくなったからといって無くしてしまった地域があります。こうした活動は、一旦辞めてしまうと、復活させるには計り知れない労力と時間を伴います。

　美しい風景、そして地元に根付いた伝統や文化といったものは、長年住んでいると、当たり前になってしまいます。大切なものであることさえも、意識されなくなりがちです。人間関係も同様でしょう。都会と違って地方では、快くお互い挨拶をする習慣があります。大事な交流の1つです。こうしたものが無くなってしまうと、殺伐とした雰囲気となってしまいます。

　目の前の便益に気を取られて、本当に大事なものを無くさないよう、最善の注意を払っていきたいものです。無くなってから後悔したのでは遅きに失してしまいます。維持し続けることは大変なことですが、本当に大事なものだと気づけば、維持していくことの意味が出てくるはずです。

未来のために勇気を出して
「変えるべきもの」

　長い年月をかけて培われてきた文化伝統は大事にすべきですが、代々続く悪しき慣習は変えるべきでしょう。これは地域の話に限ったことではありません。

　代々続く悪しき慣習は、一般の会社にも付きまとう共通の課題でもあります。以下に代表的な例を挙げてみます。

- 世代間や男女間の障壁があって旧来の固定観念から脱しきれない
- 内輪の話が多く、よそ者が遠ざけられる
- いつも同じ人がリーダーで代わり映えしない
- 今のことばかり議論されて、将来のことが話題に上がらない
- 計画性がなく思い付きで物事に取り組んでいる

こうした現象があると、本来やるべき取り組みになかなか着手できませ

ふるさとの未来を考える

―― 変わらないもの ――
- 地理的な場所
- その場所の風土
- その場所の歴史
- 地元に根付く生活文化
- 真面目な住民

―― 変えてはいけないもの ――
- 緑豊かな自然
- 美しい景観
- 継承される伝統と文化
- 歴史ある建築物
- 住民同士の交流
- 助け合う人間関係
- 挨拶をする習慣
- 清掃の行き届く街並み

―― 変わりゆくもの ――
- 住民数と構成
- 建物・施設・住居の築年数
- 旅行需要、旅行者のニーズ
- 移住需要、移住者のニーズ
- 社会福祉の制度
- 外部からの評判や評価
- 収穫できる農作物・魚介類
- 災害頻度

―― 変えるべきもの ――
- 古くからの商慣習
- 「男だから」「女だから」といった固定観念
- 若い人たちに任せない態勢
- 外部を入れない排他的な雰囲気
- 利益を上げることへの遠慮
- 未来に対するビジョンの欠如
- 計画性のない取り組み
- 単発的で継続性のない取り組み

ん。仮に着手したとしても障壁によって頓挫するか、中途半端な終わり方になってしまいがちです。

　お互いを認め合い、任せるところは任せ、協力するところは協力し合い、未来に向けて長期目線で取り組んでいく。そんな雰囲気の場が必要ではないでしょうか。

　いつも活発な議論が飛び交い、チャレンジすることをみんなで推奨するような交流の場、そうした場が各所に根付いていくことが望ましい姿です。

世界を相手にして チャンスを広げよう

最近のTVでは、訪日の外国人旅行者に取材して、彼らの好む食事や観光地などを題材に番組に仕立て上げているのをよく見かけます。TVですから面白おかしく編集しているのですが、観ていると気づかされることがあります。私たちが日ごろ、当たり前に思っていたことが、彼らにとってものすごく感動したり驚いたりすることです。これをただ単に、へぇ～と思うだけでは、私たちとしてはもったいないわけでして…。改めて考えてみました。

彼らは、日本という異国の地に対し先入観なく、何のフィルターも通さずに物事を見ています。だから、本当に心に感じていることを表現していると思います。それも子供のように。

日本を好んで訪れる外国人たちは、おいしいものはおいしい、素晴らしいものは素晴らしい、良いものは良い、と素直に表現できる感性の高い人たちではないでしょうか。もちろん中には、爆買いしたり、大騒ぎをしたり、公共マナーを守らない人たちも一定数いて、そうした行為への対策も必要です。そうしたことを差し引いたとしても、日本を愛し、ファンになってくれる人がこれだけいるということは、嬉しいことではありませんか。

外国人旅行者はこれからも伸び続ける

コロナ禍で凍結されていた日本への旅行需要は、完全に復活しました。次頁の図にあるように、日本を訪れる外国人旅行者の数は、コロナ禍の2020年から2022年にかけてはガクンといなくなりましたが、コロナ収束後の2022年末から現在に至るまで着実に増えています。2024年3月には、月間300万人を超え過去最高となりました。こうした傾向は、単に一時的なもの

でしょうか、それとも今後も続くのでしょうか。

　旅行需要は、それぞれの国の景気と経済力が大きく影響します。景気がよくて国民の所得が上がれば金銭的な余裕ができますから、海外旅行の需要に傾きます。加えて、経済力が高まって自国通貨の価値が上がっていくと、為替レートの割安感が出て海外に行きやすくなります。

　日本の経済は、ご承知のように、ここ30年停滞していました。しかしその間、世界経済は着実に成長しています。それがわかる数字を示しましょう。国民一人が年間どれだけ稼いでいるかという"一人当たりGDP"という指標[c]があります。2000年当時の日本は、一人当たりGDP額は世界第2位というとても裕福な国でした。その後、日本経済は停滞、それをよそに世界各国が成長していきます。年を追うごとに日本の順位は落ちていきました。直近2024年は、日本の上位に37の国があります。日本は38番目の国です。これは、日本よりも金銭的に裕福な国がそれだけあるということを意味していま

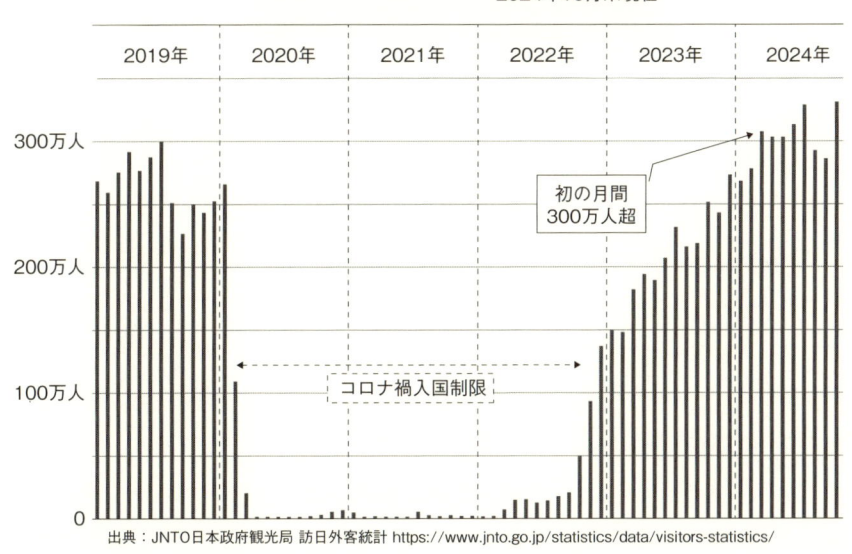

出典：JNTO日本政府観光局 訪日外客統計 https://www.jnto.go.jp/statistics/data/visitors-statistics/

す。我々日本人でさえ気軽に海外旅行に行っている時代です。それ以上に、海外旅行に行けるだけの裕福な人たちが世界中にいるということがわかります。

　日本という国は、海外からの旅行者にとって魅力あるコンテンツにあふれた場所であることは言うまでもありません。世界経済は、当面安定成長が続くとの予想です[f]。従って、世界経済が成長し続ける限り、日本を訪れる人たちが増えていくことは間違いないでしょう。

訪日外国人は、リピーターになってから地方をめぐる

　政府が公表している日本の観光データによると、日本を観光で訪れた外国人のうち68%、つまり3人に2人は、2回目以上の来日者、つまりリピーターであることがわかっています[g]。例えば、親日で有名な台湾ですと、さらにその割合は増え9割近くがリピーター、5回目以上のリピーターが半数を超えています。世界は広いわけですから、海外旅行の選択肢は日本だけではないはずです。自身の旅行の経験を振り返っても、一度行けばもう十分という観光地はあります。そう考えると、どうやら日本という国は、海外の人たちにとって一度行けば満足という国ではなく、何度でも来たくなる国であるということがこのデータから見えてきます。

　もう1つ面白いデータを紹介しましょう。

　訪日旅行者が地方を訪問する割合です。次頁の図は、出身国別に、初めて来日した際に地方を訪れる割合と、2回目以降のリピーターとなって地方を訪れる割合の違いを示しています。ここからわかることは、（中国を除き）いずれの国からの旅行者たちも、2回目以上、つまりリピーターとなって地方を訪れている割合が高いということです。ここでいう地方とは、三大都市圏（東京, 神奈川, 埼玉, 千葉, 愛知, 京都, 大阪, 兵庫）を除く、道県です。リピーターになればなるほど東京や京都だけを目指して来るわけではな

く、地方を訪れる傾向にあることが見えてきます。

今（2024年6月執筆時）は、コロナ禍のあとですから、久しぶりに訪日する外国人も、まずは三大都市圏から選ぶかもしれません。しかし、もう数年経てば、リピーターとして地方を巡る旅に訪れる外国人が増えてくるに違いないでしょう。

マスコミはTVや誌上で、訪日外国人たちを面白おかしく伝える一方、観光地でのマナーや混雑状況を問題視して取り上げています。それは観光需要が急速に増えたわけですから、必然的に生じた現象とみていいでしょう。価値観も生活文化も、我々日本人とは全く違う外国人のみなさんに悪気（わるぎ）はありません。知らないだけです。日本はこれからさらに観光産業に力を入れていくわけですから、解決していくべき課題として取り組んでいけばいいことです。

SNSの普及により、日本の様子は世界中に発信されています。日本が平和で暮らしやすい環境であり続ける限り、外国人にとって日本の魅力は尽きま

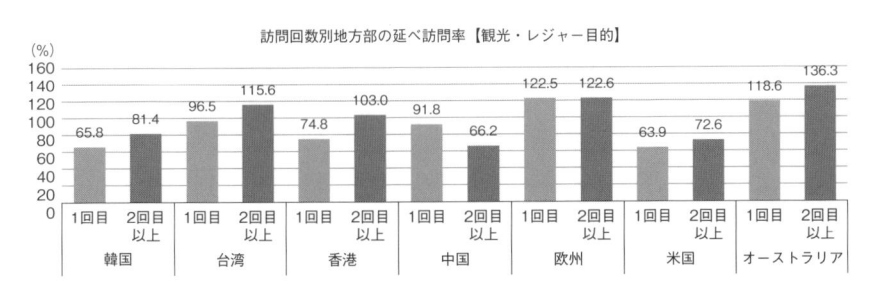

**インバウンド旅行客が地方へ訪問する割合
（1回目訪日 vs. 2回目以上訪日）**

地方への訪問は、訪日回数「2回目以上」のリピーターの割合が高い。（中国除く）

訪問回数別地方部の延べ訪問率【観光・レジャー目的】

	韓国		台湾		香港		中国		欧州		米国		オーストラリア	
	1回目	2回目以上	1回目	2回目以上	1回目	2回目以上	1回目	2回目以上	1回目	2回目以上	1回目	2回目以上	1回目	2回目以上
(%)	65.8	81.4	96.5	115.6	74.8	103.0	91.8	66.2	122.5	122.6	63.9	72.6	118.6	136.3

*1：地方とは、三大都市圏（東京、神奈川、埼玉、千葉、愛知、京都、大阪、兵庫）を除く、道県を指す。
*2：左側の棒グラフ（1回目）は三大都市圏のみ訪問した割合。右側の棒グラフ（2回目以上）は、地方のみ訪問した割合と、
　　三大都市圏と地方両方を訪問した割合を足し合わせたもの。
*3：各都道府県の訪問率を足し上げたものを延べ訪問率としているため100％を超える場合がある。

出典：観光庁「訪日外国人旅行者（観光・レジャー目的）の訪日回数と消費動向の関係について」
https://www.mlit.go.jp/kankocho/tokei_hakusyo/content/001350782.pdf

せん。このような世界から見た大きな変化の潮流を、チャンスと思うのか、それとも現状を嘆くのかは、あなたの受け止め方次第です。

1-5 ｜ 市場は人々をひきつける 魅力に満ちている

　それでは視点を変えていきます。

　世界各国、どんな地域にも必ずあるものに目を向けてみましょう。それは市場です。どんな小さな町や村にも必ず市場があります。そこは、生活必需品をただ売っているというわけではありません。その地元に根付いた伝統と文化に基づいた数々の商品が、様々な彩りとともに積み上げられ陳列されています。店先では、安くていいものを欲しがる買い手と、積極的に売り込みをかけたい売り手との間で、生き生きとした売り買いの交渉がなされています。

　市場は、いつも活気に満ち溢れています。

活気ある市場には魅力的な特徴がある

　人々は市場にある商品を買いたくて来るわけですから、そこに置かれた商品を好きな人たちが集まります。そうした好みの同じ人たちが集まれば、話が弾み、コミュニティが形成されていきます。欲しいものが置いてあって、楽しい場であればあるほど、コミュニティから発信される口コミが広がっていき、さらに多くの人が集まるようになります。売り手側にとっては、多くの人が購入してくれれば、取扱量が増えていき、売上と利益が増えます。そうなってくると、そこでビジネスチャンスを見つけようとする新しい売り手が集まってきます。活気ある市場には、好循環するサイクルがあるのです。

　人々が集まる市場には、必ず目立つ特徴があることに気づきます。豊洲市場では全国から集まる魚介類を売っています。大阪船場の繊維問屋街は、目利きの達人が仕入れた安くて良い商品がそろっています。韓国ソウル市の東

大門には、ネイルや美容製品を取り扱うコスメ専門の市場があります。秋葉原は戦後から続く電気製品の街でしたが、それに加え、ゲーム・アニメ・アイドルといったサブカルチャーの聖地と言われるようになって2つの顔を持つ市場に変貌しました。

全国の地方に目を向けますと、道の駅が各所にあります。道の駅は、地元の特産品を扱う典型的な市場と言えるでしょう。

市場は、リアルな場でリアルの商品を売るだけではない

市場が存在するのは、リアルな場に限ったことではありません。インターネットが普及している現在、ネットの世界で数多くの市場が存在しています。アマゾンや楽天のような巨大なショッピングサイトを始め、アパレルに特化したサイト、不動産物件に特化したサイト、株式や保険に特化したサイトなど、ありとあらゆる商品分野に渡って、市場というものが存在します。ふるさと納税サイト、これは納税の返礼として地方物産品をお届けするサイトですが、これも1つの市場であると言えます。

パソコンやスマートフォンを使って、市場にある商品から欲しいものを欲

しいタイミングで手に入れることができるようになりました。それも、同時に複数の市場にアクセスして、それぞれを比較しながら、どこから購入するかを決めることができます。

　このように何かを売ろうとするときには、実店舗としてのリアルな市場だけではなく、インターネットの中での市場も含めて理解することが求められます。

　それでは、市場というものについて、次節でもう少し深掘りして解説していきましょう。

ふるさとが勝負できる
市場は限りなく存在する

　市場という言葉は、とても概念的で幅広い使われ方をしています。

　ニュースでは毎日、日経平均株価が伝えられていますが、これは東京にある株式市場の話です。日本に株式市場は東京以外に3か所（札幌・名古屋・福岡）にありますから、国内の株式市場というとらえ方をすると、その4か所を総合した市場のことを指すことになります。また国内には、株式だけではなく先物取引や商品取引、債券、為替などの市場もあります。そして、これらを総くくりにすると日本の金融市場ということになります。

　つまり市場というものは、くくり方（どういった単位でとらえるか）次第で、大きくまとめることもできるし、いかようにも細分化できます。

　それでは、ふるさとの未来を考えるにあたり、市場について理解することがどう役立つのか、事例とともに考えていきましょう。

ふるさと納税の"肉市場"で勝負する宮崎県

　宮崎県は、北海道・福岡県に次いで3番目にふるさと納税額の多い県です。そして市区町村別の納税額になりますと、なんと1位は宮崎県都城市です[h]。宮崎県がこれだけの多額の納税額を得られる理由、それは宮崎牛なんです。

　宮崎牛は今でこそ有名になりましたが、近江牛・松阪牛・神戸牛といった有名和牛ブランドに比べると、後発のブランドでした。そこで、生産者・加工会社・自治体が一体となって、徹底的に品質にこだわりました。肉質はA5またはA4のみとし、宮崎生まれ・宮崎育ちの牛であり、さらに父親牛ま

でもA4以上の宮崎県産であることという厳格な基準を設けています。他県ブランド牛の多くは、（どこで生まれたかは問わず）その土地で育った牛であることを条件としていますから、その厳しさがわかると思います。それだけの品質を保っているからこそなのですが、宮崎県で生まれた子牛のうちの4割は、県外のブランド牛になるために出荷されています。和牛のオリンピックと言われる全国和牛能力共進会では、最高位である内閣総理大臣賞を4大会連続受賞しています[i]。

　さて、宮崎牛の品質の高さを理解した上で、ふるさと納税に戻りましょう。前節で述べたように、ふるさと納税返礼品は1つの市場です。その市場の中で人気は、肉・魚介類・米・フルーツです。中でも、肉が最も人気のある商品となっています[j,k]。宮崎牛は、ふるさと納税返礼品という市場の中の、肉カテゴリ市場で圧倒的な地位を占めているわけです。

もう1つの市場開拓を試みる宮崎県

　宮崎県のもう1つの特徴、それは美しい地形です。長く海岸線が伸び、広大な宮崎平野から海を臨めます。そして、そこには美しいゴルフ場があります。ゴルファーであれば一度はプレーしたいと憧れるフェニックスカントリーをはじめ、地形と眺望を活かした名門ゴルフコースが複数あります。

　しかしながら日本のゴルフ人口は、ピーク時の半分以下となってしまいました[l]。ゴルフコースの数は、米国に次いで世界で2番目に多いにもかかわらず、プレーをする人たちが減っているのです[m]。日本のゴルフ市場は、少しずつ地盤沈下していってます。

　ところが世界に目を向けると、ゴルフ人口は着実に増えているのです[n]。特に経済成長著しい新興国は、爆発的な人気スポーツとなっています。

　そこで宮崎県が目を付けたのは、ゴルフツーリズムという市場です。ターゲットは、台湾・韓国・中国からの観光客。これらの国は、人口の割にゴルフ場が少ないため、ゴルファーの需要を満たせません。そうした方々に来県

してもらい、ゴルフとともに飲食・宿泊・観光を楽しんでいただき、宮崎にお金を落としてもらう戦略です。今や官民をあげて、ターゲットにした人たちに届くように積極的なPR活動に努めています。

おんせん県おおいたで、
温泉がない町の勝負の仕方

　もう1つ、別の県の事例を紹介しましょう。大分県にある1つの市の話です。

　大分県は、源泉数・湧出量ともに日本一の温泉県です。2013年に「おんせん県おおいた」を商標登録した大分県は、現在に至るまで大々的なPR活動を打ち続けています。

　自治体が1つの特徴にフォーカスして、大々的にアピールすることは珍しいことです。関係各所への顔を立てるようにしなければと意識するあまり、総花的になってしまうからです。ところが大分県は、その考えをあえて捨てました。温泉という市場の中で、日本一を取ることに注力したのです。その甲斐あって、（コロナ禍を除く期間）着実に観光客が増えていく結果となっています。

　ところが県内の温泉がない町は、その恩恵にあずかれません。蚊帳の外に置かれた感じです。大分県豊後大野市は、その1つでした。そこで着目したのはサウナです。豊後大野市は温泉がないことを逆手にとり、素晴らしい自然と大地を活かしたアウトドア・サウナ市場に打って出ました。2021年のことです。

　サウナ市場は、2019年TVドラマの「サ道」をきっかけに広がっていきました。流行前のサウナは、浴場に付随する一設備であって、何となくおじさんっぽいイメージが付きまとうものでした。それが、イメージが一新され、有名女優たちもサウナ好きを公言するようになって、一大サウナ市場ができ上がっていたわけです。

　豊後大野市は、サウナ市場の中でもアウトドア・サウナ市場にフォーカスしています。鍾乳洞の水風呂に入れるサウナや、清流に飛び込めるサウナなど、豊かな大自然とともにサウナを体験できることに注力しました。

　2021年、豊後大野市は「サウナのまち」宣言をしました。今や、県内県外からサウナ好きが集まるエリアへと変貌しています。

市場を理解し、そしてマーケティングへ

　市場というものを理解するにあたり、3つの例をあげてみました。私たちのふるさとの未来を考えるとき、市場（マーケット）という視点を持つと、様々な可能性が見えてくることがわかります。

　「何をもって、どの市場で勝負するのか」それを明確にすることでアピールすべきポイントや、アピールすべき相手が見えてくるわけです。

　市場は、英語でマーケット（Market）といいます。それに、進行形"ing"

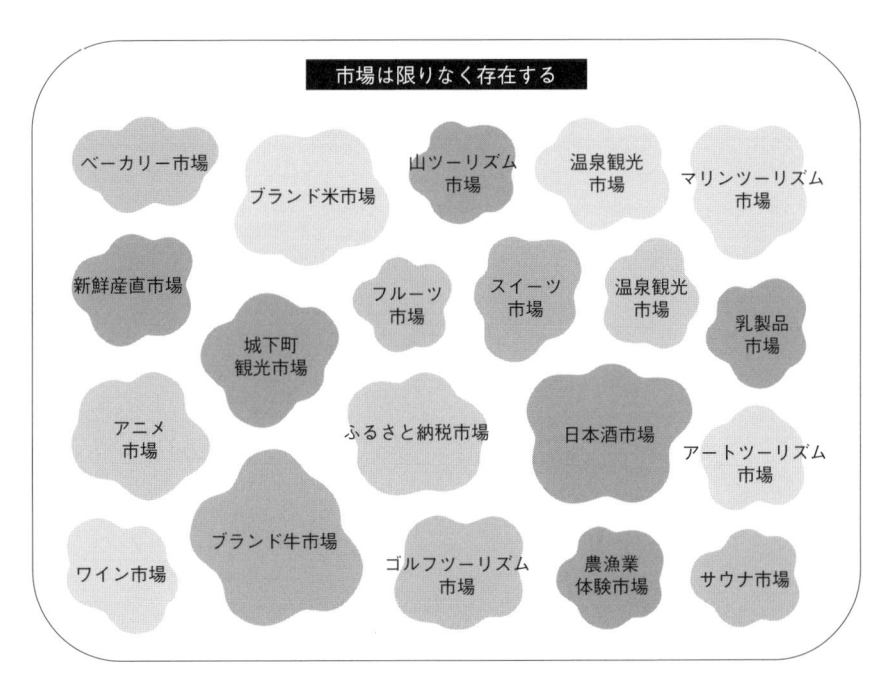

市場は限りなく存在する

ベーカリー市場　ブランド米市場　山ツーリズム市場　温泉観光市場　マリンツーリズム市場　新鮮産直市場　フルーツ市場　スイーツ市場　温泉観光市場　乳製品市場　城下町観光市場　アニメ市場　ふるさと納税市場　日本酒市場　アートツーリズム市場　ブランド牛市場　ワイン市場　ゴルフツーリズム市場　農漁業体験市場　サウナ市場

を付けると、マーケティング（Marketing）という言葉になります。進行形が付いていますからこの言葉には、動いていること、行動していることといった意味が含まれています。マーケティングとは、市場を動かすことであり、市場に働きかけることを意味します。

　それでは次節以降で、本書の主題でもあるマーケティングについて語っていくことにしましょう。

マーケティングは知ってもらい、選んでもらうための活動である

1-7

　前節でマーケティングとは、市場を動かすこと、市場に働きかけることとお伝えしました。

　市場と言われても漠とした印象をお持ちの方も多いと思います。

　そこで視点を変えて、一人のお客さまになって考えてみることにします。みなさんが市場へ買い物に行ったときの光景を想像してみてください。最初は、どこに何があるかわからないので、キョロキョロするはずでしょうね。どの店がいいのか、何かしらの判断材料が欲しくなります。のぼりや看板を見て判断するか、商品の彩りや品ぞろえに引き寄せられるか、威勢のいい声に反応するか、それともいい匂いに反応するか、それぞれでしょう。そう、私たちがお客さまのときには、何らか五感（視覚・聴覚・嗅覚・触覚・味覚）に入ってくる情報があって、それによって反応し、行動を起こし始めます。

　では次に立場を変えて、売る側の立場、お店を市場に出店したときのことを考えてみましょう。売る場所を確保して商品を並べるだけで、果たしてお客様はやってくるでしょうか？

　ものすごく人通りの多い市場に店を構えれば、少しはお客さまがやってくるかもしれません。でも普通は、何かしらの工夫をしない限り、お客さまは見向きもしないものです。似たような2つのお店が並んで、一方のお店は混んでいて、もう片方のお店では閑古鳥が鳴いていることはよく見る光景ですね。人気があるほうのお店を、よく観察してみると、様々なところで工夫をしていることが見えてきます。人気があるだけの理由が必ずあることがわかります。

どんな工夫をしているのでしょうか。

　まず、知ってもらわないことには話になりません。知ってもらうためには何らかの情報発信が必要です。お店の魅力を伝えるのか、お店に置いてある一押しの商品の良さを伝えるのか、どちらもありえるでしょう。魅力を直接発信することもできますが、代わりに発信力のある人にお願いして伝えてもらうことも可能です。

　次に、知ってもらったとしましょう。ところが、同じような商品が他の店にもあるとしたらどうなるでしょうか。お客さまはどちらを選ぶか判断するために、比較検討するはずです。比較検討の結果、お客さまから選ばれるためには、何かしらの決め手が必要となってきます。

　つまり、お客さまに知ってもらうこと、そして選んでもらうこと、この2つが大事なポイントになってきます。この2つの要素のために、様々な工夫をしていくわけですが、それがマーケティングという活動になります。どんなに良い商品でも、どんなに素晴らしい場所でも、それらの良さをわかってもらわないことには、選んでもらえません。その良さを言葉で表したり、視覚的に訴えたり、時には音や香りで訴えたりすること、それがマーケティング活動です。

　では具体的にどんな活動があるのでしょうか。事例とともに解説していきましょう。

宮崎県都城市　ふるさと納税は、寄付金集めではなく知ってもらうことが目的だった

　前節で紹介した、ふるさと納税日本一の都城市。どういったいきさつで日本一にたどり着いたのでしょうか。その道のりは多くのメディアで明らかになっていますので、ここで紹介していきますP。

　時は10年前の2014年。都城市は、ふるさと納税サイトの全面リニューアルを機に抜本的な発想の転換を迫られました。

「ふるさと納税の返礼品は、しばらく肉と焼酎だけでいい」

　これが市長からの指示でした。公務員は、公平・平等に市民に仕える立場の人たちです。通常の発想ではありません。他の地方同様に宮崎は自然豊かですから、新鮮で美味しい農産物や魚介類、地元の特産品が満ち溢れています。有名な伝統的な工芸品もあります。それらを排して2つに絞る。それは、今までにはない方針でした。

　市のふるさと納税担当者は悩んだ末、覚悟を決めました。返礼品を出品したいと希望する事業者に頭を下げて回ったのです。「1年待ってください」と。1年間を期限として、ふるさと納税の返礼品を肉と焼酎に集中しました。

　市長は、「ふるさと納税は寄付金集めが目的ではない」とも明言していました。「主たる目的は知ってもらうこと、つまりPRだ」と。そこで担当者は、手元に残る寄付金は極力減らし、良い商品だけがお得に手に入るように、商品ラインナップを変えました。当時は今ほど規制が厳しくなかったこともあって、寄付金に対する還元率を高く設定できたのが功を奏したわけです。

　それだけではありません。良い商品（商品力）とお得感（価格力）だけでは、PR的に弱いと判断しました。さらなる施策として、全国の人たちの目にとまるような大胆な企画を打ち出したのです。

　～　宮崎牛一頭分まるごと500万円！　～

　～　焼酎1年分、黒霧島1升瓶を365本お届け！　～

　といったものです。これらは、地元の事業者と市の職員との間で、ああでもないこうでもないといった議論の中から出てきたアイデアです。

　こうした活動を現在まで地道に継続した結果、都城市は日本一の座にたどり着きました。この根底には、日本全国の人たちに都城のことを知ってもらおうという強い気持ちがあったからこそでした。

大分県豊後大野市 競争激しいサウナ市場で、選んでもらうためのストーリーを紡ぎ出す

　こちらも前節で紹介しました、温泉のない街だからこそという、逆転の発想をした豊後大野市の例です。豊後大野市は「サウナのまち」宣言をしたわけですが、決して思いつきでサウナに特化しようとしたわけではありません。

　豊後大野市には、古来のサウナ、蒸し風呂に入る習慣がありました。阿蘇山の噴火によってできた切立った崖の岩を削って、石の部屋を作りました。そこに薬草を敷いて湯気で蒸す方式の石風呂です。400年以上も前に作られた石風呂ですが、それが市内11か所に文化財として点在しています。また、それらの石風呂の近くには清流が流れていますから、昔の人たちも疲れを癒すために、石風呂と川を往復していたに違いありません。ですから、サウナ施設を市内に作るということには、文化的な習慣として全く違和感はありませんでした。むしろ温泉がない大分のまちとして、アピールにはぴったりだったのです。

　こうして、サウナと大自然からもたらされる澄んだ空気、それに加え美しい清流の水風呂という最高の組合せが出来上がりました。

　さらに、豊後大野市には清流だけではなく、水中鍾乳洞というユニークな場所がありました。鍾乳石が洞窟の水中にあって、神秘的な雰囲気を醸し出しているのです。そこで鍾乳洞入口近くにサウナテントを配置し、洞窟の中の水風呂に入れるようにしたのです。これは、まさに唯一無二の体験です。サウナ好きにとってはたまらない場所です。こうして、激化するサウナ市場の中で、サウナ好きの人たちが敢えてこの地を訪問するという理由ができあがりました。

　このように、コアとなるテーマ（今回の場合サウナ）を基軸とし、歴史や文化、そして自然や風景、さらにここだけしかできない体験などを組み合わ

せて、その魅力を表現すること、これをストーリーといいます。人は、時空を超えた感覚や視覚的な立体感、複数の要素が絡みあったものなどから醸し出される情緒感に惹かれるものです。良いものを、ただ単に良いと説明するのではなく、物語的に表現して見せる（ストーリーを作る）ことで人が集まってきます。

　私たちのふるさとには、人を惹きつける素晴らしいものたちが、まだ日の目を見ずに眠っています。普段は身近に当たり前のようにあるものが、ちょっとした工夫を加えることで、とても魅力なものに変わる可能性があります。そうした工夫の視点や手法を、みなさんにご紹介することが本書の最大のテーマですので、どうぞ楽しみに読み進めてください。

選んでもらうためには
ストーリーが
欠かせないわよ

1-8 ブランドが私たちの ふるさとにもたらすもの

　ふるさとの未来を考える上で、もう1つ大事な要素について解説していきます。それはブランドです。

　京都や鎌倉のように人気のある地域の名称は、その名称自体がブランドとなりますね。食品ですと、魚沼産米に代表されるブランド米、松阪牛に代表されるブランド牛、関アジや関サバのような魚介類、長崎カステラのような加工食品、これらもみなブランドです。また、金沢21世紀美術館のようなユニークな建物や施設もブランドです。くまモンに代表されるキャラクターもブランドの1つです。これらのブランドと言われるものを俯瞰してみると、それぞれ強烈な印象があることがわかります。ブランドと言われるものは、私たちの脳裏に鮮明に焼きついているものばかりです。

　現在、日本中どの地域でも、地元の名産品や特産物をブランドにしようと躍起になっています。それはそれで、とても大事な取り組みだと思います。ただ、何でもかんでもブランドになり得るかと言えば、そんなことは決してありません。

　そもそも、ブランドとは何なのでしょうか？　そして、私たちのふるさとにとってどんな意味があるのでしょうか？　一旦立ち止まって考えてみるのも悪くありません。

ブランドは、想いを込めた名前である

　まず、最初に知っておきたいことはブランドには必ず名前があることです。

　名前ですから、特定のものを指して、特定の言葉で表現することになりま

す。一般的な名称、例えば"みかん"とか"ひらめ"とかだけでは、名前として
ふさわしくありません。単純な名前のつけ方としては、地域名と農産物名を
組み合わせた言い方があります。でもこれだけだと、何かもの足りないと感
じないでしょうか?

　そうなんです。名前は、ただ言葉を組み合わるだけでは足りません。

　親が生まれた子に対して最初にしてあげることの1つ、命名を考えてみま
しょう。子供の名前は、両親がああでもないこうでもないと悩み考えた末、
つけられるものです。そこには、両親の深い愛情と想いが込められているは
ずです。同じようなことでは、犬を犬と呼ばずに名前をつける、パンダをパ
ンダと呼ばずに名前をつける、これも一緒です。

　ふるさとの商品やサービス、地域の場所、特定の建物に名前をつけること
についても、同じことが言えます。単に名前をつけるだけなら簡単なことで
す。でも、そこに想いを込めるとなると話は変わってきます。名づけるとい
う行為そのもの、そこにどれだけの想いが込められるか。まずは、そのこと
がとても大事なことになってきます。

ただの名前が、ブランドに進化するとき

　想いを込め、そして愛情を込めて名前をつけたものが、ブランドになるの
は、どういう状態になったときでしょうか?

　まず、最低限満たされなければならないことは、一定数の人たちが、その
名前を知っていることでしょう。知っていると言っても、老若男女すべての
人たちが知っている必要はありません。その商品を本当に買ってもらいたい
人たち、そのサービスを本当に利用してもらいたい人たち、その場所に本当
に来てもらいたい人たち、そうした人たちにできるだけ多く知ってもらうこ
とが大切になってきます。

　ただし、知ってもらうことだけを目的にするのはよくありません。それだ
と、選挙運動の車中から候補者の名前を大声で連呼するのと同じことになっ

てしまいますから。

　ブランドには、多くの人に知ってもらうことに加えて、必須となってくるものがあります。それは、その名前を聞いたときに、何かしらのイメージを想い浮かべられる（想起できる）かどうかということです。

　具体例を示していきましょう。

　わかりやすい例で、コカ・コーラを挙げてみます。コカ・コーラと聞くと、赤い色のロゴをイメージされる方は多いと思います。色というのは、人間の感情に訴える要素がそれぞれにあって、赤色が持つイメージは「情熱とエネルギー」です。この赤色で体現される「情熱とエネルギー」こそ、コカ・コーラの追求するブランドイメージそのものなのです。

　このイメージをベースに、様々なストーリーを展開させたコカ・コーラのCMが作られていきます。コカ・コーラを脇に置いて熱く応援するスポーツ観戦、コカ・コーラとクリスマスの赤色を重ね合わせた家族や友人たちとの団らん、といったような感じです。

　コカ・コーラと言われて思い浮かぶのは、人それぞれですね。真夏の海の光景、賑やかなパーティの一コマ、すっきりとリフレッシュされる感覚、鮮やかな色彩、ロゴマーク、ユニークな瓶の形、ＣＭで流れる曲、等々。これらの要素はすべて、提供者であるコカ・コーラ社が、お客さまに想起してほしいことなのです。

　私たちの身の回りで既にブランドとなっている商品名やサービス名、施設や地域の名称、それらはいずれも、その名前を聞けば何かしらのイメージが想起されるものばかりです。お客さまは、ブランド名からイメージが想起されることによって、欲求が高まります。数ある選択肢の中から、自分のところの商品・サービス・施設・地域が選ばれる。そうしたお客さまの行動につながるための名称、それがブランドというものになります。

想い起こす（想起する）レベルには、
２種類ある。

　ブランドには、想起されるイメージがあるとお話しました。ここでは、想起というものについて、もう少し深掘りしていきましょう。

　前ページの例の続きで「コカ・コーラというと？」という問いをしてみます。それに対して、"スポーツ観戦時に飲むもの"という回答をする人は一定数いるでしょう。

　では次に、質問と回答を逆にしてみます。

　「スポーツ観戦時に飲むドリンクは？」という問いです。するとどうでしょうか？

　"コカ・コーラ"と答える人の数は、ぐんと減るはずですね。スポーツ観戦時に飲むドリンクは、ほかにも選択肢がたくさんあるからです。

　同じような問いを地域名で考えてみることにしましょう。

　1-6節の話、大分県は"おんせん県おおいた"というキャッチフレーズで積極的にPRをしているとお伝えしました。日本人は温泉好きですし、大分には温泉地が各所にありますから、「大分県というと？」と問われれば、"温泉"と答える人は多いはずです。

　では、質問を逆にしてみます。「温泉地というと？」という問いだとどうでしょう？

　"大分（または別府・湯布院）"と答える人は、一定の数いると思います。しかし他にも選択肢はありますね。草津・熱海・有馬・下呂・白浜・黒川etc. 限りない選択肢があるわけです。

　ここでわかることは、ブランドの想起には２種類あるということです。

- ブランド名を聞いて、イメージを想起できること
- 何かをイメージして、ブランド名を想起できること

　この２つは、かなりレベルが違います。後者の方は、とても難易度が高い

です。

　温泉地といえばと問われて、最初の答えに"大分県"と出てくる人が増えてくればしめたものです。ブランドが目指すのは、ここになります。何かのイメージから、ブランド名が想起されるようになること。そうなればお客さまは必ず選んでくれることでしょう。

ブランドは、信用の証である

　ブランドに関する最後のお話は、信用についてです。
　ブランドを指名買いするお客さまは、どういう心境なのでしょうか？

- ここなら間違いない、はずれがない
- いつもと同じ味
- いつもと変わらないサービス
- そこに行けば、必ず出会える
- いつもそこには、発見がある、満足がある、感動がある

　こうした気持ちがお客さまの根底にあるのではないでしょうか。お客さま

は正直なものです。少しでも手を抜けば見抜かれて、離れていってしまいます。

「良いものを継続して提供し続けること」それに尽きると思います。そうしていけば、お客さまは継続して選んでくれ、結果的にブランドになっていきます。ブランドとして認められるということは、一定の信用がお客さまから得られているという証になります。

　1-6節で紹介した宮崎牛は、宮崎生まれ宮崎育ちの牛で肉質がA4またはA5、さらに父親も宮崎牛であること、それを徹底することで品質を担保しています。1つの会社だけからの提供であれば、ここまで公にして品質を明記する必要はないでしょう。毎日顔を突き合わせる社内会議の中で、品質を取り決めていけばいいからです。しかし地方の場合は、小さな事業体の集まりが1つのブランドを掲げるケースが多々あります。その場合は、品質のルール決めがとても大事になってきます。

　みんなで力を合わせて、本当にいいものを生み出していく。そして、本当にいいものが世の中に受け入れられることで、ブランドへと進化していく。私たちは、こうした取り組みがふるさとの未来につながる1つの道だと考えています。

　第1章では、ふるさとの未来を大きな視点で捉えたときの見方と考え方を紹介してきました。

　次章からは、より実践的な内容に入っていきます。ふるさとの本当にいいものをどうやって見つけて、どうやって提供していくのがよいのか、その秘訣を紹介していきます。

a　内閣府 地方創生サイト　地方創生予算
　　https://www.chisou.go.jp/sousei/about/yosan/index.html
b　日本人は日本の本当の良さに気付いていない？　多国籍なメンバーで作る外国人観光客向
　　けサービス（リクナビNEXTジャーナル）https://next.rikunabi.com/journal/20150130/
c　政府統計 e-Stat 市区町村数を調べる（2024年7月1日現在）
　　https://www.e-stat.go.jp/municipalities/number-of-municipalities
d　オリエンタルランドHPより：2023年度の入場者数は2,750万人で、過去最高だったコロナ
　　禍前（2019年度入場者数）の8割まで数字を戻した。
e　IMF: GDP per capita, current prices
　　https://www.imf.org/external/datamapper/NGDPDPC@WEO/OEMDC/ADVEC/
　　WEOWORLD
f　IMF: World Economic Outlook
　　https://www.imf.org/en/Publications/WEO/Issues/2024/04/16/world-economic-outlook-
　　april-2024
g　JNTO日本の観光統計データ 訪日外国人の訪日回数別の内訳
　　https://statistics.jnto.go.jp/graph/#graph--Breakdown--by--number--of--visits
h　総務省発表「ふるさと納税に関する現況調査結果（令和五年度実施）」より　https://www.
　　soumu.go.jp/main_content/000897133.pdf
i　より良き宮崎牛づくり対策協議会HPより　https://www.miyazakigyu.jp/miyazakibeef/
j　ふるさと納税ガイド「【2022年速報】ふるさと納税で「実際に選ばれた」返礼品カテゴリ
　　人気ランキング」より　https://furu-sato.com/magazine/35961/
k　インテージ調査 自治体・返礼品ランキングからみるふるさと納税　〜ふるさと納税実態
　　調査②〜
　　https://gallery.intage.co.jp/furusato-nozei2023-2/
l　経済産業省　スポーツ未来開拓会議(第7回資料)よりhttps://www.meti.go.jp/shingikai/
　　mono_info_service/sports_future/pdf/007_04_00.pdf
m　NUMBER OF GOLF COURSES IN THE WORLD
　　https://www.golfmonthly.com/courses/how-many-golf-courses-are-there-in-the-
　　world-182153
n　R&A Golf participation continues to surge worldwide
　　https://www.randa.org/articles/golf-participation-continues-to-surge-worldwide
o　大分県HP「日本一のおんせん県おおいた」
　　https://www.pref.oita.jp/site/kids/onsen.html
p　都城市役所HP「特集　ふるさと納税の本末転倒」https://www.city.miyakonojo.miyazaki.
　　jp/uploaded/attachment/4747.pdf
　　都城市役所情報発信サイト Think都城「都城市ふるさと納税大躍進のなぜ」
　　https://think-miyakonojo.jp/article/1590/
q　豊後大野市HP 県指定有形民俗文化財
　　https://www.bungo-ohno.jp/docs/2015022000684/
r　カラーセラピー大辞典（TCカラーセラピー本部HPより）
　　https://www.tccolors.com/color_dictionary/meaning_of_color

第2章　原石を探す

みなさんは、ふるさとにどんな「想い」や「夢」を持っているでしょうか？

　ふるさとに暮らすみなさんはもちろん、子供たちの世代、またその次の世代まで、まちが持続的に発展し、人びとの暮らしが豊かになることを願う想いが「ふるさと未来デザイン」のスタート地点となります。

　そして、みなさんの新たな市場づくりをスタートさせるために、商品やサービスの「アイデア」を創ることがその第一歩となります。第2章では、そんなアイデアの種となる様々な資産や情報を「原石」と呼ぶことにします。そして、原石を集めてアイデアをつくり出すプロセスを「原石を探す」と定義し、その進め方を紹介していきます。

2-1 | 磨けば光る 原石を探す

「私のまちには自慢できるものが何もない」

　地方に行くと、こんなお話をよく聞きます。大勢の観光客が訪れ、特産物や特産品が全国津々浦々で売れる、誰もがそんなふるさとができたらと願っていることと思います。しかし、自分のまちにはそんな自慢できるものはない、というわけです。本当にみなさんのまちには何もないのでしょうか？そんなことはないはずです。ただ、今はそれを見過ごしているだけなのかもしれません。

「アイデアがなかなか出てこない」

　こんな悩みもよく耳にします。みなさんは、世の中にはアイデアが湯水のようにあふれ出てくる、いわゆるアイデアパーソンと言われる人がいるのだと思っていませんか？　そして自分はそんな人間ではないと。

　新しい市場づくりにはアイデアが必要です。実は私自身、アイデアが豊富に出てくるタイプではないと思っていました。でも、心配することはありません。これからつくり出すアイデアは単なるひらめきや思いつきとは少し違うものだからです。そこには想いや夢を実現させるという目的があり、解決したい具体的な問題や取り組みたい課題があるからです。そして数々のプロジェクトを進める中で、あるとき、「いかにしつこくアイデアを出し続けられるか」ということがアイデアパーソンの本質だということに気づきました。「ふるさとを何とかしたい！」という強い想いを持っているみなさんは既にアイデアパーソンに必要な資質を持っているということになります。

「原石」とは

「原石」とは一般的には宝石の原料となる天然石のことを指し、「磨けばキラキラ光り輝く宝石になる石」のことです。日本には1000種類以上の天然石があると言われていますが、そのすべてが最初から宝石のような美しい輝きを放っているわけではありません。

　ふるさとをデザインするアイデアも同様です。地方にはそれぞれに固有の資産があります。日ごろ何気なく見過ごしているものや実は知らなかったことなど、視点を変えて見ると、みなさんのふるさとにも磨けば光る多くの資産があることに気がつくはずです。

　松下電器産業（現・パナソニックホールディングス）の創業者である松下幸之助氏は「人間」を「原石」にたとえて次のように言っています[a]。
「人間はあたかもダイヤモンドの原石のごときもの。ダイヤモンドの原石は磨くことによって光を放つ。しかもそれは、磨き方いかん、カットの仕方いかんで、さまざまに異なる燦然とした輝きを放つ。それと同じように、人間はだれもが、磨けば光る、さまざまな素晴らしい素質を持っている。」「経営に携わる人は、このことを正しく認識し、一人ひとりの持ち味をどう活かしていくかを考え、実践していくことが大切である。」

　私が人材育成の難しさに悩んでいたときに大変勇気づけられた言葉です。ふるさとの未来を考える際にも大いに当てはまるものではないでしょうか。ここでの「人間」を「ふるさと」に置き換えると、こうなります。
「ふるさとにはそれぞれに磨けば光る、さまざまな素晴らしい素質をもったダイヤモンドの原石のごとき資産が存在する。しかもそれは、磨き方いかんで、さまざまに異なる燦然とした輝きを放つ。ふるさとの未来デザインに携わる人は、このことを正しく認識し、1つひとつの資産の持ち味をどう活かすかを考え、実践していくことが大切である。」

原石探しのステップ

　ここから、「原石探し」を 3 つのステップに分けて、1 つひとつの作業を進めていきます。

第 1 ステップ　「想い描く」

　ふるさとの「なりたい未来の姿」を想像し、ビジョンを設定します。

第 2 ステップ　「集める」

　アイデアをつくるための資産や情報を 3 つの視点で収集し、整理・分類します。

第 3 ステップ　「創る」

　集めた資産や情報を駆使し、具体的な商品やサービスのアイデアを考え出します。

図1　原石を探すステップ

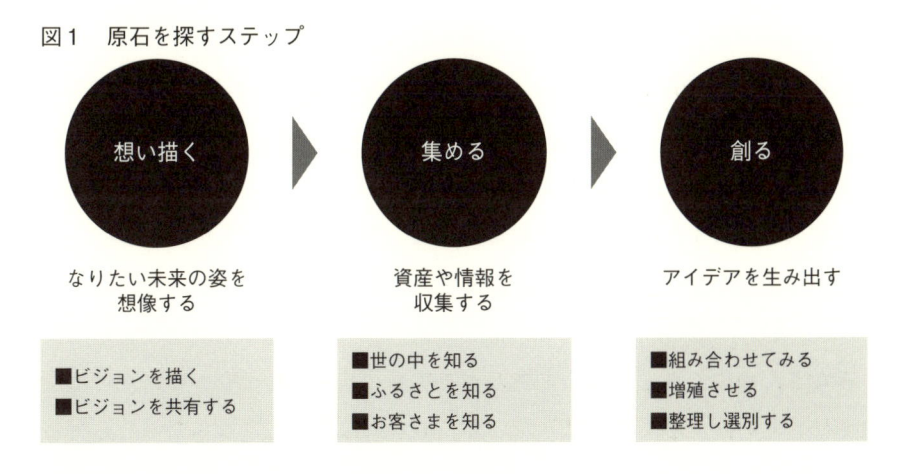

2-2 | なりたい未来を想像する

　ふるさと未来デザインのスタート地点に立ち、今、みなさんはどんなことを考えているでしょうか?

「なにか、新しい特産品を開発してみよう」
「どこか、まちの景観をアピールしてみよう」
「なにか、人が集まるイベントをやってみよう」

　といったことでしょうか?
　ここで、新しい市場づくりを目指し、ふるさとをアピールする特産品や観光客に来ていただくためのイベントなど具体的な商品やサービスを考え始める前に、1つ、やっておきたいことがあります。
　それは、実現したい「ふるさとの未来の姿」を想い描いてみることです。
　みなさんは、ふるさとをどんなところにしたいですか?　どんな店にしたいですか?

ビジョンを描く

「全国のひとが憧れる癒しの聖地にしたい」
「行列のできるまちの人気店にしたい」
「若い移住者を増やして活気のあるまちにしたい」

　みなさんのふるさとや店の未来の姿を想像してみましょう。将来、どんなまちにしたいか、どんな店にしたいか、あるいは、どんなまちだったら行っ

てみたいか、住んでみたいか、まちづくりを進める立場から、また、まちを訪問するお客さまの立場から、街並みや情景を想像してみましょう。そこには、まちの風景・建物、店で売られている商品などとともに、まちを散策し地元のグルメを楽しんでいる家族の姿、店で無心にお土産を選んでいる観光客の姿、また、笑顔で働いているまちの人たちの姿が描かれていると思います。

　このような「こんなまちになったら最高だ！」「こんな店にしたい！」という、なりたい未来の姿のことを**ビジョン**（**Vision**）と呼びます。

「ビジョン」と聞くと、企業のホームページに掲載されているような、かっこよくてちょっと小難しい文言を思い浮かべ、つくるのはちょっと大変そうだなあと思うかもしれません。しかし、難しく考える必要はありません。企業の経営者や商店主の方とお話していると、「いつかは海外に進出したいんだよね」とか、「地域一番店を目指しているんですよ」といった将来の夢を語っていただけることがよくあります。ビジョンとは、このようなみなさんの頭の中にある想いや夢のことです。本来、言葉や文章になっていなくても一向にかまわないものなのです。

　ふるさとの未来デザインは長期戦です。ビジョンは 5 年や10年、あるいはそれ以上先の未来を想像するものですから、具体的な数値目標や実体のあるものではありません。抽象的で、かなり漠然としたものです。

　私たちは商品やサービスの開発を行う際、アイデアを考え始める前に必ずこの作業をやってきました。企業で行う商品やサービスの開発には、「○○カテゴリーでNo.1になる」「△△のみなさんに一番愛される商品を創る」といった具体的な目標があります。そして、これらを達成することで事業拡大に貢献するという目的があり、企業の成長につなげたいという想いがあります。商品開発の担当者にとって「商品が売れる」ということは必ず達成しなければならない目標です。しかし同時に、その商品をきっかけに会社名を知

ってもらう、会社を好きになってもらう、というもう１つの目的があります。つまり、商品を開発することは、商品自体が売れることが「目的」であると同時に、企業の認知度・好意度を高めるための「手段」となります。企業が掲げるビジョンは、１つひとつの商品やサービスを開発する目的は何か、企業が最終的に到達したいゴールを指し示すものとなります。

ふるさと未来デザインにおけるビジョンも、これから開発する商品やサービスは「何のために開発するのか」、「どんな役割を担うのか」といった目的を言い表した大切な指針となります。例えるなら、これから未知の大海原に航海に出る船にとっての「北極星」のようなものです。目指す最終到達点の方角を知るためのものであり、航海の「道しるべ」となるものです。壁に当たったとき、道に迷ったとき、目指すゴールを示してくれるものとなります。

「行列のできるまちの人気店にしたい」といった場合でも、ふるさと未来デザインにおいては、そこで販売する商品やサービスは、「たくさん売って儲ける」ということだけではなく、「商品をキッカケにあなたのまちを知ってもらう」「サービスを実際に体験したくてまちを訪れてもらう」という役割を担うことになります。訪れる人や取りまく地域、まちに住んでいる人などを想像し、みなさん自身がワクワクするような大きなビジョンを描いてみましょう。

ビジョンを共有する

しかし、描いた未来はひとりでは実現できません。取り組む過程では多くのひとたちの協力や関与が必要となります。

新たな取り組みを始める場合、私たちは最初に多様なメンバーで１つのチームを結成します。食品の商品開発の場合では、マーケティング担当者をリーダーに、中味開発の研究者、デザイナー、営業担当者、宣伝広告担当者、などで構成されます。そして、このチームでアイデアづくりから、コンセプ

ト、商品名、パッケージづくりといった具体的な商品開発作業、また、宣伝広告の作成までをメンバー全員が関与する形で進めてきました。

　これからみなさんにも、あるときはこのようなチームを結成し侃々諤々の議論を交わす、またあるときはデザイナーやコピーライターといった外部の専門家に制作を依頼する、商店やスーパーに販売を委託する、といった場面が訪れます。さらに、自治体の許可をもらう、企業からの資金提供を受ける、商店街の協力を得るなど、様々な人たちの協力を得るための説明や説得が必要な局面に出くわすことがあると思います。

　そんなとき、関係するすべての人たちが、みなさんの描いたビジョンを理解し、共感し、同じゴールに向かって進むことはとても大切なことです。

　ビジョンは文章で表すことが多いですが、「ひとは自分の聞きたいことしか聞かない、見たいものしか見ない」と言われるように、ひとによってあなたの想いの受け止め方が異なる可能性があります。携わっている仕事が異なる、経験が異なる、といったことから、一人ひとりの「立ち位置」「見ている景色」「見える範囲」などが異なるからです。

　そんなとき、私たちは、例えば10年後、自分たちが成し遂げたことが世間で話題になっている状況を想像し、絵にしてみることをやってきました。わかりやすいビジョンは、チームの強い結束を生み、関係するみなさんのモチベーションを高めることができます。

●「10年後の見出し」を考えてみる

　描いた未来が実現したとき、それがまちづくりの成功事例として全国紙に取り上げられる、そんな状況を想像してみましょう。創り出した商品やサービスがヒットし多くの観光客がまちに押し寄せている記事が掲載される、ＴＶニュースの取材を受ける、ドキュメント番組に出演する、インバウンド向けの観光雑誌に特集が組まれる、などもいいと思います。そんな新聞や雑誌、ＴＶ番組では、みなさんが成し遂げたことは、どんな風に紹介されているでしょうか？

「△△が大人気！　観光客が押し寄せる〇〇村」「××商店、連日、外国人観光客で長蛇の列！」「◎◎町、住みたいまちNo.1に選出！」といった、魅力的でインパクトのあるタイトルを考えてみましょう。さらに、簡潔な紹介文や、風景や街並み、お店や商品などの画像が入った雑誌の表紙などをつくってみると、よりわかりやすいものになります。

2-3 | 原石を集める ―何を集めるか

　実現したい未来の姿を描いたところで、早速、アイデアづくりのための原石を集めに出かけます。

　世の中にはモノや情報が溢れています。描いたビジョンに沿って、「どんな人に買って欲しいのか」「誰に訪れて欲しいのか」といった**ターゲット**（Target）となるお客さまを思い浮かべ、例えば、「衣」「食」「住」など原石を集める**テーマ**（Theme）を 1 つに絞り、集めてみることもお勧めします。

現在地を知る

「これ、ちょっと面白そうだな」
「この場所、前から気になってるんだよね」
「こんなのがあったらうれしいんだけど」

　同じものを目にしても、面白そうと思うか、やり過ごしてしまうかは、みなさん自身の判断にかかっています。そのため、自分が興味のあることは何か、自分はどんな視点で見る傾向があるのか、また、現時点でどんなアイデアを持っているのか、原石集めをはじめる前に、みなさん自身の現在地を知っておきましょう。

　もし、すでに実現したい具体的なアイデアがあるのなら、まずはそのアイデアをカタチにしてみてはどうでしょうか。商品やサービスはどんなに周到に準備をしても結局は世の中に出してみないとわからないものです。世の中に出すことで、初めてお客さまの反応を得て気づくことがたくさんあります。思い切って世に問うてみることも大事なことです。

引き出しを一杯にする

　河原や山に行ってたくさんの石ころを集めることが宝石となる石を探す作業のスタートであるのと同様に、ふるさと未来デザインの原石集めも3つの視点で探索し、みなさんの引き出しの1つひとつを一杯にすることからはじめます。

視点①　「世の中を知る」
　世の中の流行や他の地方に目を向け、気になるものや面白そうな情報を集めます。

視点②　「ふるさとを知る」
　過去から現在までの歴史をひも解き、未来に向かっての取り組みを知ることで、ふるさとにある資産や情報を集めます。

視点③　「お客さまを知る」
　お客さまの言葉や行動を集め、その心理や動機を推測することで、お客さまが求めていることを理解します。

図2　4つの引き出し

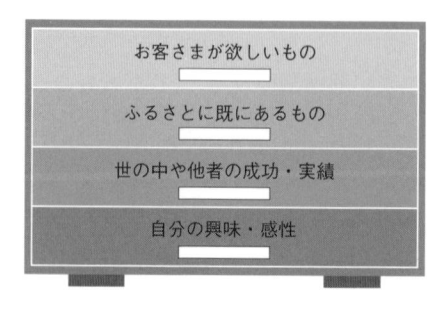

2-4 ①世の中を知る

「SNSで流行っているものを検索してみよう」
「成功している他の地方の成功事例を調べてみよう」
「まちの有識者や専門家に聞いてみよう」

　なんだか自分で考えていないみたいで、これでいいのかなあと思うかもしれませんが、これらは決して安易な方法ではなく、躊躇する必要もありません。世の中の流行や他者がつくってきた事例からは多くのヒントを得ることができます。

流行っているもの

　少し前に流行った例ですが、新千歳空港で買えるある一軒のチーズタルト店に、いつも行列ができていることが話題になりました。

　ふわっふわで濃厚なチーズ味とサクサクのタルト生地、いつも焼きたての美味しさで評判なのですが、話題になったキッカケは、「CAさんがお勧めする北海道土産」でNo.1になったことだとか。その噂が広がり、お土産に買い求める人が殺到し、いまや北海道土産の定番となったようです[b]。

　私も5年くらい前から札幌に行った際には必ず買ってくるのですが、今でも店の前は行列が絶えません。そして、当時はここでしか手に入らないものが、今では札幌市内で購入できる店舗も増えています。さらに、東京でも類似品が販売されるまでに拡大してきています。

　「あっ、こんなものなら自分たちにもつくれるかも」と思いませんか？　もし、みなさんのまちの特産物にとっておきの牛乳があるのなら、もっと魅力的な商品ができるかもしれません。

このような今話題になっている商品の情報は巷に溢れています。何気なく視ているTV番組でも、インターネットで目にするニュースでも、「朝から行列が絶えない○○駅前のパン屋」「△△が人気の老舗和菓子店」「地場野菜にこだわった××食堂」、常にこういった話題が出ています。どこかに商品やサービスのヒントはないだろうかとアンテナをちょっと高くしておくだけで、様々な情報が入ってきます。

長く愛されているもの

今流行っているもの、話題になっているものを知ると同時に、ずっと売れ続けているもの、いわゆる定番商品やロングセラー商品と言われるものにも目を向けてみましょう。

今話題になっているものすべてが今後もそのまま売れ続けるわけではありません。むしろ、一過性で終わってしまうものの方が多いのが現実です。一方、ロングセラー商品は「何度も消費する」「定期的に購買する」というファンが多いのが特徴です。ファンを獲得するためにどのような取り組みをしているのか、例をあげてみましょう。

日本全国には約25,000店のラーメン店がありますが平均的な稼働年数は5年程度、新規開店の店は1年間で約50％が廃業、5年後に残っている店は実に15％程度と言われています。そんな厳しい環境の中で長く続いている店のお客さまに通い続ける理由を聞くと、たいてい「いつもおいしいから」という答えが返ってきます。

しかし、お客さまが「いつもおいしい」と言っているのは、「いつも同じ満足感を得られる」ということであって、作り手が「いつも同じものをつくっている」「レシピが変わらない」ということではありません。ラーメンづくりは、天気や湿度によって麺づくりの粉やかんすいの配合を変える、気温による味の感じ方の変化に合わせて季節ごとに少しだけ塩分を調整するな

ど、お客さまにどんなときにでも最高の満足感を提供するために常にレシピを調整する工夫をしているということをよく聞きます。

　ロングセラー商品には、必ずこのようなお客さまの満足を維持するための「こだわり」や「取り組み」があります。ふるさと未来デザインという 5 年 10 年の長期にわたる取り組みを進めるみなさんにとって必ず役に立つ、頭の片隅に留めておきたい情報です。

他のまちで成功していること

　すでに他のまちで成功していることを知ることも大切です。ここでは、地方のうまく行っている事例だけではなく、うまく行っていない事例も調べてみましょう。

　ゆるキャラでブームをつくった自治体、B 級グルメで訪問客が激増したまち、魅力的な返礼品でふるさと納税額No.1になったまちなど、地方のまち起こしが国の重要な取り組みとなって以来、各地で様々な成功事例が出てきています。しかしその中には、一過性のブームで終わったもの、今では閑古鳥が鳴いている施設など、残念ながら成功とは言えない事例もたくさんあります。

　成功事例の中には、「これはそのまますぐに真似できる、応用できそう」と思うものもあるでしょう。しかし、ただ漫然とまねるだけでは結果にはつながらない場合が多いものです。それは、そのまちとみなさんのまちの知名度が違う、使える資金が違う、ここまで積み上げてきた歴史が違う、といったまちの基盤が異なることが原因となっていることが考えられます。つまり、まねるべきは、成功した「今の姿」ではなく、ここまでの「取り組み」ということになります。

「成功をまねる」「失敗に学ぶ」という言葉があるように、先駆者が実際につくってきたもの、やってきたことが、なぜ成功したのか、なぜ失敗したのか、「結果」ではなく、その「過程」を知ることは貴重な財産となります。

2-5 ②ふるさとを知る

　特産品や風景といった目に見えるものから歴史や文化などカタチの無いものまで、ふるさとには知っているようでよく知らなかったり、見過ごしていたりするものが多くあるはずです。

　みなさんのまちの特徴を商品の機能やサービスに反映できれば、他にはない大きな魅力となり、唯一無二の個性となります。そして開発した商品やサービスが単なるモノやコトとしての魅力だけでなく、特定の地域から発信されているという個性が付加されることで、ふるさとの魅力の一部になることができます。

ふるさとにあるもの

　みなさんのふるさとには京都や奈良のような世界的に有名な神社や寺はないかもしれません。東京ディズニーランドやユニバーサル・スタジオジャパンのような、みんなが行きたいと思うレジャー施設もないかもしれません。

　しかし、日本の歴史は京都や奈良にしかないものではありません。それほど有名でないとしても、みなさんのまちにも神社や寺はあると思います。そして、それら建造物にはそれぞれ土地の歴史や建立された背景があります。今は訪れるお客さまが少なくなってしまった商店街にも商店街ができた理由やそれぞれのお店の歴史があります。山や川、海といった風景にも長年の自然の力だけではなく、そこに加わった人の力があってはじめて今の景観が出来上がったものも多くあります。日ごろ何気なく視ているものの中には、必ず、成り立ちの背景や語り継がれてきた逸話があるものです。

　そしてまた、今この時も、ふるさとの特産品の開発やイベントや施設づくり、観光スポットのアピールなど様々な取り組みが行われていることと思い

ます。このような現在の取り組みを知ることも大切です。

　過去から現代、そして未来に向かって、ふるさとにはどんな資産があるのか探索してみましょう。

【収集のヒント①】方言は土地が生み出した文化

　今でも必ずその土地にあるものの例として、「方言」の成り立ちを調べてみましょう。辞書によれば、方言とは、1．共通語・標準語とは異なった形で、一地方だけで使われる語。俚言（りげん）。2．1つの国語または民族語が地域によって相違のある幾つかの言語団に分かれている、それぞれの言語団の言語全体。とあります[c]。

　そして方言は文化の中心地であった京都の言葉が地方へ伝播し、地方における独自の変化により形成されてきたものであり、真ん中から波紋（はもん）を描くように言葉が広がっていくという「方言周圏論（ほうげんしゅうけんろん）」という考え方があります[d]。その形成には背景となる自然や文化・社会の地域性が強く影響します。日本の地形には険しい山々や流れの激しい川が多く、現在のように交通機関が発達する以前は自然の壁にさえぎられ自由に行き来することが難しく、地域間での庶民の交流が限定的だったことで地域ごとに特徴のある方言が生まれた、と考えられています。

　例えば、日本一聞き取りにくい方言と言われる「津軽弁」の特徴は、口はあまり開かない、短い、濁音が多い、などです。そしてその成り立ちは、「古語（大和言葉）とアイヌ語が交じったもの」「中央からの密偵に意味が分からないようにするため」「冬、口を大きく何度も開けると口の中に雪が入るので口を開かずできるだけ短くなった」といった諸説があります[e]。

　このように、方言の成り立ちには、その土地の「地理的特徴」「政治的背景」「気候風土の特徴」が大きくかかわっていることがわかります。今でも「標準語」あるいは「共通語」が正しい日本語で、方言は崩れた日本語だと考える人も少なくないですが、実は、方言はその土地の歴史や風土によって形成された独自の文化であり、まさにその土地にしかない個性と言えます。

【収集のヒント②】文化財にある物語り

日本全国に「文化財」と呼ばれるものがいくつあるでしょうか？

文化財には「国宝・重要文化財（建造物）」「登録有形文化財（建造物）」「有形文化財（美術工芸品）」「無形文化財」「民俗文化財」「記念物」「文化的景観」「伝統的建造物群保存地区」といったものがあり、文化庁のHPには、次のように書かれています。

> 文化財は，我が国の長い歴史の中で生まれ，はぐくまれ，今日まで守り伝えられてきた貴重な国民的財産です。このため国は，文化財保護法に基づき重要なものを国宝，重要文化財，史跡，名勝，天然記念物等として指定，選定，登録し，現状変更や輸出などについて一定の制限を課す一方，保存修理や防災施設の設置，史跡等の公有化等に対し補助を行うことにより，文化財の保存を図っています。また，文化財の公開施設の整備に対し補助を行ったり，展覧会などによる文化財の鑑賞機会の拡大を図ったりするなど文化財の活用のための措置も講じています。
> さらに，我が国を代表する文化遺産の中から顕著な普遍的価値を有するものをユネスコに推薦し，世界文化遺産への登録を推進しています。
>
> 　　　　　　　　　　　　　　　　　　　（文化庁 HP より抜粋）

実はこのような国が指定・登録している文化財は、33,000件余あります。さらに、都道府県・市区町村が指定・登録するものがなんと約130,000件。合わせると163,000件余があることになります。この件数は全国のコンビニエンスストアの店舗数の約３倍にあたり、全国には大変多くの文化的資産があることがわかります。（令和６年８月１日現在）[f]

こんな数ある文化財の中から１つ例を挙げ、その特徴や成り立ちを探ってみます。

岡山県奈義町に訪れた際、「菩提寺の大イチョウ」のお話をうかがいました。国定公園那岐山の古刹・菩提寺境内の中にそびえ、高さ約40m、目通り幹囲約13m、樹齢推定900年といわれる県下一のイチョウの大樹です。国の天然記念物に指定され、また全国名木百選にも選ばれています。

多数の横枝が張り出した独特の外形は写真に納まらないほどの大きさで、その美しい樹の姿は訪れた人に感動を与えます。私たちが訪れたのはまだ暑さが残る初秋でしたが、菩提寺の境内に進む参道の空気はひんやりとし、大

イチョウを中心に多種の木々が織りなす景観は荘厳で何とも言えないパワーを感じるものでした。また紅葉のシーズンにはライトアップもされ、訪れた人々を魅了するとのことです。

　菩提寺は、浄土宗の開祖法然上人が幼少のころ、武士道を捨て出家して仏道に入るきっかけとなった寺と言われています。そして菩提寺に出家する際、那岐山のふもとにある「阿弥陀堂の大イチョウ」（県指定天然記念物）の枝を折って杖にして登り、たどり着いた菩提寺境内に「学成れば根付けよ」とその枝を挿したものがこの大きなイチョウに成長したと伝えられています。火災や台風の被害にもあったこともあるとのことですが、「菩提寺の大イチョウ」は、まさに日本の仏教の歴史を変えた地を象徴するものとして守り受け継がれてきた、と言うことができます。

　また、この木から北方にのびた枝が大雪のため地につき、分枝して育った樹齢200余年の「天明のイチョウ」があります。そして、「菩提寺のイチョウ」、隣接する「天明のイチョウ」、そこから直線距離で1.8km離れたところにある「阿弥陀堂のイチョウ」、この３つのイチョウは平成25年に奈義町教育委員会が行った樹勢診断調査で同じDNAを持つことが判明し、生物学的つながりが裏付けられています[g]。

　このように、一本のイチョウの樹にも景観としての美しさだけではなく、歴史的な逸話があり、それを裏付ける現代の科学的取り組みや樹を守る人々の想いと努力といった、多くの「物語り」が内在していることがわかります。

菩提寺の大イチョウ　　菩提寺参道　　阿弥陀堂の大イチョウ　　@Photograph works

過去と現在を知る

　この２つの事例からも、たとえ出自が同じでも、異なる「地理的特徴」やそれが形成される過程の「歴史的背景」によって、それぞれがその土地固有のものとなっていることがわかります。ひとつひとつ逸話や伝承などを丁寧に探していくと、興味深い事実を発見することができます。

● 歴史を知る

　この地域は、どんな成り立ちで、どのように発展してきたのか？　どんな人がいて、どんな活躍をしたのか？　日本の歴史の転換期に合わせて、どのような役割を果たしたのか？　この地域の「現在」はどのような歴史をたどった結果なのか？　などを調べます。そこにある建造物や景観などについても同様に個々の成り立ちや逸話・伝承といったものを調べます。

● 地理的特長を知る

　その土地の地形や気候、自然環境や動植物の分布など、近隣地域との地勢的条件、交通条件など。様々な地域特性がそこで暮らす人々や生活にどのような影響をもたらしているのか？　そこを訪れる人や地域のものを購買してくれる人にどのような物語りや個性を提供しているのか？　などを調べます。

● 文化を知る

　文化とはその地域の人たちによって創造されたものであり、行事や催事、言葉や振る舞い、食習慣、ライフスタイルやアート、音楽など、様々なものがあります。多くのものは時間をかけて育まれ、大切にされたものですが、中には風化しそうなものや、ごく最近になって創造され根付いたものもあるはずです。その地域の文化の多くはその土地の人にとっては当たり前のもの

も、その地域以外の人にとってはとても興味深いものであることが多々あります。

● 取り組みを知る

例えば、まちをアピールするために新たに開発した工芸品、観光客を呼び込むためにつくるテーマパーク、移住者を増やすために考え出した施策など、伝統のある歴史的資産だけではなく、今まさに未来に向かって取り組んでいることも大切な資産です。たとえそれがうまく行かなかったものでも視点を変えることで成功への道筋が開けるものもあるはずです。

● 国力・民力を知る

人口動態や、その地域の経済力、供給能力、店舗や宿泊施設の数など、まちの経済的可能性を知ることもときには必要です。近年、オーバーツーリズムで地域が対応しきれない事態となることも問題になっていますが、逆に、もっと可能性があって、高い受け入れ能力や生産能力があるのに発揮されていない場合もあります。

図3　「あるもの」を探す

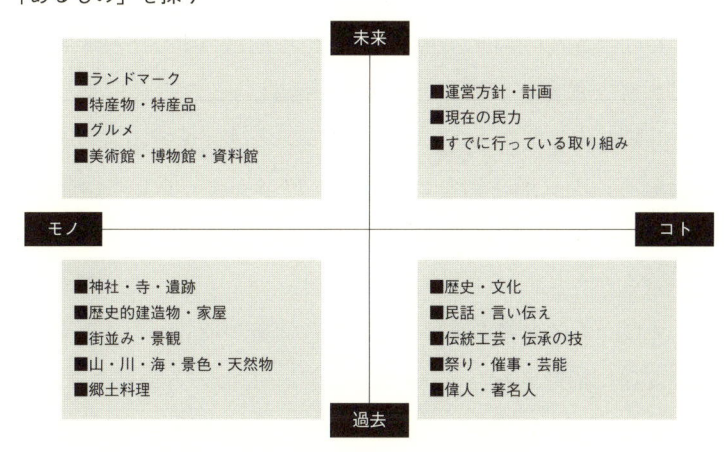

2-6 ③お客さまを知る

「どんなものが欲しいですか？」
「なぜそれが欲しいのですか？」

　お客さまにこんな質問を投げかけても、たいていの場合、「おいしいもの」「おしゃれなもの」、「品質がいいから」「なんとなく」といった答えしか返ってこないものです。お客さまは、しばしば自分が本当に求めているものが何か、なぜそれを求めているのかを自分では気づいていません。目の前に出されてはじめて「そうそう、これが欲しかったんだ！」という存在なのです。

お客さまの気持ちを理解する

　お客さまは、なぜその商品やサービスを選ぶのか、なぜその場所を訪れたいのか、ここではそんなお客さまの心理を紐解いてみましょう。

　マーケティングの領域では一般的にお客さまの「食べたい」「使いたい」「行きたい」といったような欲望のことを**ニーズ**（Needs）と呼びます。そして、私たちは、さらにニーズを2つに分けて把握しようと努めます。

　1つは、お客さま自身が欲しいもの・行きたいところを自覚しているもの、これを「顕在化したニーズ」と呼びます。一方、まだお客さま自身は自覚していないものを「潜在的なニーズ」と呼びます。そして、その深層には、お客さまのそれらを求める「本音」や「動機」があります。

　例えば、あるお客さまが「青い色の服が欲しい」と思うのは顕在化したニーズです。では、そのお客さまはなぜ青い色の服が欲しいのかと考えてみます。それが友達に招待されたパーティーに行くためのものだとすれば、「パーティーにふさわしい服が欲しい」ということが潜在的ニーズです。そして

図 4　お客さまニーズ

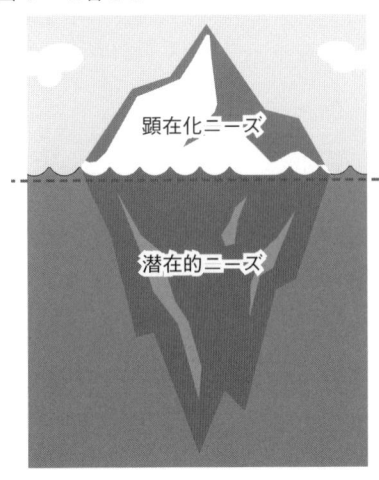

顕在化ニーズ

■お客さま自身で気づいている
■何が欲しいか自覚している
■具体的に話すことができる欲求

潜在的ニーズ

■お客さま自身で気づいていない
■何が欲しいか自覚していない
■言われてはじめて気づく
■行動や気持ちの奥にある本音・動機
■調査などで仮説をたてる

　そこには、「パーティーでみんなから自分のセンスをほめて欲しい」といった想いがあるのかもしれません。

　単に「青色の服」をつくることだけなら簡単にできそうですが、それがパーティーにふさわしいものでなければこのお客さまには選んでいただけません。お客さまに選んでいただける商品やサービスをつくるためには、顕在化したニーズだけではなく、その背景にある潜在的なニーズを知ることが重要になります。お客さまの言葉のその奥に潜んでいる心理や動機を突き止めることができれば、お客さまが、「これだ！」と感嘆するような、本当に欲しかったものを提供することができます。

なぜ、ひとは「旅」に出たいのか

　ここで、「お客さまが地方に求めるものは何か」ということを探るために、「観光」について考えてみることにします。

　観光（Sightseeing / Tourism）とは、「他の国や地方の風景・史跡・風物などを見物すること。近年は、娯楽や保養のため余暇時間に日常生活圏を離れて行うスポーツ・学習・交流・遊覧などの多様な活動」とあります[h]。

お客さまに、旅先で何をしたいのかをたずねると、おそらく次のような答えが返ってくるでしょう。

「きれいな景色を見たい」

「温泉に入りたい」

「珍しい地元のグルメを楽しみたい」

　確かに行きたいところ・食べたいものなどを具体的に話しているため、これがお客さまの顕在化したニーズです。ただ、みなさんはこれを聞いて、「私のまちにはそんなきれいな景色を見られるところはない」「うちには温泉は湧いていない」とあきらめてしまうかもしれません。しかし、その背景にある本当の動機を知ることで、たとえ「きれいな景色」や「温泉」がなくても、お客さまのニーズに応えることができます。

　お客さまの心情を探るために、会話をしてみます。

　お客さま　「山奥の温泉に行きたいんです」

　あなた　　「何故、"山奥の温泉"なんですか？」

　お客さま　「人が少なくて静かでしょう」

　あなた　　「何故、静かなところに行きたいのですか？」

　お客さま　「日ごろの煩わしさを忘れてゆっくりしたいんです」

　どうでしょうか？　このやり取りから、このお客さまの潜在的ニーズは「リラックスしたい」であるとわかります。そしてここでの「山奥の温泉にいく」という行動は、そのニーズを満たすための手段であることがわかります。そこでみなさんは、このお客さまにリラックスしていただくための別の手段を提供できればいいわけですから、「私のまちには温泉がないから」とあきらめる必要はなくなるわけです。

　しかし、「リラックスしたい」というニーズは、あまりにも漠然としてい

ると感じているのではないでしょうか。「リラックスしたい」というのは、そもそも都会の人が地方を訪れる目的としては、当たり前のことなんじゃないかと。

そこで、さらに会話を続けます。

あなた　　「何故そんなにリラックスしたいのですか？」
お客さま　「毎日、仕事が忙しくてイライラするんですよね」
あなた　　「それで仕事がはかどらない？」
お客さま　「いえ、家で奥さんとケンカになっちゃうんですよね」

ここでようやく、「山奥の温泉に行きたい」という発言の奥には、「いつも良き家庭人でいたい」という想いがあり、そんな自分でいるために「定期的に日々のストレスを解消したい」というニーズがあるのだということがわかりました。しかし、もちろんこれは１つの仮説に過ぎません。「リラックスしたい」という背景には、もっと別の動機もあるはずです。みなさんは、お客さまの心情を想像し会話を重ねることで、一歩一歩、お客さまの真実に近づくことができます。

「不」に着目してみる

　観光を例に、具体的にやりたいこと、行きたいところを尋ねると多種多様な言葉が出てきましたが、その心情を掘り下げていくことで、その根底にあるのは「不都合な現状を変えたい」という想いではないかということがわかりました。

　観光と同じように使われる言葉にレジャー（Leisure）があります。日本語では「余暇」や「自由裁量時間」となりますが、労働（Work）の対立概念として使われます。人生100年時代と言われる現在、人の生涯における労働時間は約１割、それに対し余暇時間は実に３割に迫ると言われています。

かつて日本が経済発展の途上にあった時代、労働時間が生活の中心だった世の中の人びとが描く「豊かな暮らし」はほぼ同じ姿でした。冷蔵庫・TV・洗濯機が三種の神器と言われていたように、お客さまが欲しいものも共通でわかりやすいものでした。一方、余暇時間が圧倒的に増えた現在、時間の使い方は多種多様。ライフステージの違いやライフスタイル・価値観の多様化により、お客さまは「十人十色」、さらに「一人十色」とも言われるほどニーズの多様化・細分化が進んでいます。

　こんな現在の世の中においてお客さまのニーズを探るには、一人ひとりで異なる「欲しいもの」「やりたいこと」を見つけにいくよりも、むしろ「困っていること」「悩んでいること」「解消したいこと」などに焦点をあてる方が容易な場合もあります。例えば、友達同士で会話する場面でも、好きなことを言い合うより、嫌いなこと、いやだと思ったことを言い合うときの方が盛り上がっているのではないでしょうか。不便なことや不満に思っていることは、多くの人に共通している場合が多いものなのです。

「そうそう、私にもそんな悩みがある」と、多くのお客さまの共感を得ることができ、そして、それがまだ解決されていないものであれば、みなさんに大きなチャンスをもたらしてくれることでしょう。

2-7 | 原石を集める —どのように集めるか

　ここまで「何を集めるか」について 3 つの視点で紹介してきました。みなさんは、こんな膨大な情報をどうやって集めればいいのか少し不安に思っているかもしれません。ここからは、私たちがやってきた手法を中心に、資産や情報を「どのように集めるか」について紹介します。

集める手法

■既存の情報を収集する「スタディ型調査」

● 文献・資料

　まちの歴史などは、図書館や博物館・資料館などで文献や資料で調べることが可能です。例えば、特に有名な神社や寺でなくても、調べてみると意外な由来や歴史がわかることがあります。また、世界の創業200年以上の老舗企業の80％以上は日本にあると言われているように、日本には長い歴史を持った企業が多く、地元の老舗企業や商店には、それぞれ過去からの営みを記した独自の資料や記録が残っていたりします。

● 公開情報・公開データ

　政府や公的機関が公開している統計データや白書、企業や業界団体が公開しているレポート、大学や調査会社が作成した調査報告書などがあります。
　例えば、観光庁が毎年発刊している「観光白書」では、国の方針や観光施策を知ることができます。地方自治体や企業のホームページや広報誌では、まちのビジョンや沿革、現在進められている取り組みなどが公開されていま

す。文化庁の「国指定文化財等データベース」では文化財の様々な情報を知ることができます。また、インターネットでは、「もらってうれしいご当地土産」や「行ってみたいまち」「住みたいまち」などを検索できます。民間の調査機関が独自に調べたレポートの中には有料のものもありますが、目的に合わせて使い分けましょう。

● 最新のニュース

新聞やTV・ラジオでは経済や社会情勢といった大まかな世の中の動向や、地域や専門分野に特化した最新情報を得ることができます。また、Webのニュースサイトや情報アプリなども活用できます。

● 個人の意見や感想

個人が書いている紀行文、通販サイトでの商品やサービスのレビュー、個人が発信しているブログやSNSでのつぶやき、口コミ、なども有効な情報です。例えば、外国人が行きたい日本の場所や食べたいグルメなどは、私たち日本人とは違った視点から見ているため、多くの発見があります。ただし、インターネットで情報収集する場合は情報の信ぴょう性には十分な注意が必要です。

また、居酒屋やカフェなど人が集まる場所でお客さまの会話を聞いていると、意外な本音を聞けることもあります。

● 有識者ヒアリング

教育委員会・学芸員・地域史研究団体など、専門的にまちの地理や歴史に携わっている人、神社の神主、お寺の住職、学校の先生、役所の観光課・商工会議所の方など、地元の成り立ちや言い伝えなどにくわしい人、企業の役員や商店主の方などにインタビューします。

その際、聞きたい情報を引き出すためにも、できる限りの事前準備をし、質問力を高めておくことが大切です。

■新たに情報を獲得する「サーベイ型調査」

● アンケート調査

　独自の質問を設定し、対象とするお客さまや市場参加者から直接回答を得ることで行動や態度を定量的に把握することができます。インターネット調査、店頭出口調査、アンケート会場調査、郵送調査などがあります。調査会社に依頼するコストがかかる調査も多いため、緻密な調査設計をしないとコストの無駄遣いになるので有料の調査を行う場合は注意が必要です。

● 行動観察調査

　お客さまの購買や消費の行動を直接観察する方法です。

　お客さまの「購買の瞬間」「消費の瞬間」を観察することは、お客さまを知るうえで極めて有効な手法です。データをむやみに信じない、何よりも人間を見つめることでお客さまが真に求めているものが見えてきます。

　例えば、観光客をターゲットした商品やサービスを開発する場合、観光スポットやイベント会場などでのお客さまの様子や行動を観察したり、観光バスに同乗して一日中行動を共にすることで、どのようなシーンで何を消費しているかをよりよく知ることができます。みなさんのまちに「道の駅」のような地元の特産物・特産品を販売している店や観光客が利用する食堂や居酒屋などがあれば、「一日店員」として働かせてもらい、直接お客さまに触れ、行動を観察することなども有効です。

● インタビュー調査

　対象者に直接インタビューすることで、アンケート調査では把握しにくい、お客さまの行動や態度の背景にある意識や心情を知ることができます。複数に聞くフォーカスグループインタビュー、インターネットのチャット機能を使ったインタビューなどの方法があります。対象者の発言から気になったエピソードについて質問を繰り返すことで、対象者自身も気づいていなか

った行動の裏側や好き嫌いの理由などを知ることができます。

　お客さまの行動や心理をより深く知りたい場合には、1対1で行うデプスインタビューがお勧めです。さらに、調査会場に来てもらうのではなく、例えば、観光スポットの休息所にお邪魔して話を聞く、お土産を買っているひとに直接話を聞くなど、実際に商品が購買されている現場や消費されている現場に直接出向いて話を聞くことで、お客さまをより深く理解することができます。ただし、街頭でインタビューをする場合など、許可を取る必要がある場合がありますので注意が必要です。

● 自分自身の体験記録

　お客さまの行動や態度を知るだけではなく、みなさん自身が商品やサービスを体験した事実も重要な情報となります。

　ふるさと納税返礼品や通販サイトでの一番の人気商品、道の駅で一番売れているお土産などを購入し、食べたり使ったりして印象や感想を記しておきましょう。「一番」を体験することは、アイデアをつくる際のベンチマーク

図5　情報・データを集める2つの軸

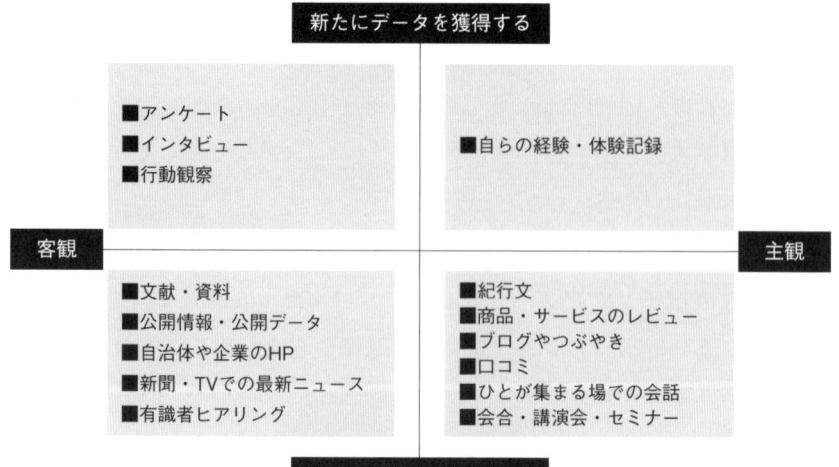

となります。また、人気の観光スポットや施設を実際に訪れる、アトラクションを試すなど、自分の目で見る・体験してみることも有効です。実際にディズニーランドなどのテーマパークで接客やホスピタリティを体験する、といったことからも多くのヒントを得ることができます。

　さらに、自治体や団体が行っている商店地域マップづくり、地域資料のミニ展示会などのイベント、まちの商工会の会合や講演会・セミナーなどに参加するのもお勧めです。

データは情報に加工する

　ここまで集めたものの中には、実はまだ「情報」と「データ」が混在しています。

　一般的に、**データ**（Data）とは、「数字」や「記号」で事実を並べているだけなので、読み解き、解釈を加えなければ、ただの数字の羅列でしかありません。**情報**（Information）とは、データにある数字や記号を分析・解釈したもので、加工した人の意図があり、意味が付与されているため、「言葉」で記述される場合が多いものです。

　例えば、気温・降水量・風向風速などは「気象データ」で、このデータを使って明日の天気はどうなるかを予測したものが「天気予報」です。私たちは、観測されたデータを分析・解釈した情報を天気予報として受け取っているわけです。天気予報をもとに、私たちは明日の服装選びをしたり、お店なら、アイスクリームやホットコーヒーの販売計画を立てます。

　このように「情報」は、どういったものかがわかる形になっているので誰でもそのまま使うことができます。しかし裏を返せば、それは「誰にでも同じことができる」ということですから、その情報からだけでは独自性のあるアイデアをつくるのは難しい、ということになります。

　一方、「データ」は「まだ加工されていない事実」ですから、どんな視点で、どんな意図を持って分析・解釈するかによって得られる意味が大きく変

わってきます。それは、みなさんにしかできない「独自のアイデア」をつくり出せるということを意味しています。データは、みなさんなりに解釈し仮説を立てることで、はじめてアイデアをつくるための情報へと変貌します。

- 傾向を把握する

　過去との比較や直近の変化など、時間的な推移を見ることでトレンドを分析します。例えば、調査データから、「旅行先の情報収集はガイドブックが減りSNSが増えている」「コロナ禍以降は“一人旅”、特に男性やシニア層の増加が顕著」といった観光客の行動の傾向や変化をつかみます。

- 差異を見つける

　調査データをながめ、数値の差の大きいところに着目します。例えば「大多数は○○を選ぶのに、一部の層が△△を選んでいる」とか「家族の旅行客の商品購入率は50％なのに、友達同士の旅行者は15％しかなく、その差は35ポイントもある」など、比較することで相違点やギャップを見つけ出すことができます。

- 解釈する

　傾向や変化、差異が生じた要因や背景は何か。お客さまの行動や態度、発言、心情など、様々なデータを解釈し、仮説を立てます。

　例えば、「一人旅の増加」の背景は「コロナ禍での非接触の推奨で、はじめて一人旅をしてみたが意外と自由で楽しかったのでは」といった解釈ができるかもしれません。大切なことは自分に都合よく解釈するのではなく、なるべく客観的に誰もが納得できるように解釈することです。さらに「一人旅」についての他のデータを探りに行くことで、より納得性の高い仮説をつくることができます。

整理し分類する

　集めた情報は、「いつ」「どこで」「だれが」「何を」「なぜ」をまとめておきましょう。特に「知らなかった」こととか、「面白い」と思った情報は、形式ごとに分類する、カテゴリーごとにまとめるなど、いつでもみんなが見られるように整理しておくと、様々な場面で活用ができます。その際、事実に基づいた「客観的な情報」なのか、お客さまや事業者の意見や想いを反映した「主観的な情報」なのかに分けておくことが大切です。

　そして、整理した情報は定期的に棚卸しを行い、情報の鮮度が落ちていないかチェックしましょう。「引き出し」の中に入れっぱなしにせず、いつも最新の情報が入っていることを確認することをお勧めします。

　また、インタビューや行動観察のような話し言葉や記述が中心の情報は、そのままでも、一緒に作業を進めているあなたのチーム内で理解・共有するのは容易いですが、チーム外の関係者に説明し意見を求めたり、意思決定者に判断を求める際には、数値化やフレームワークを使うなど、自分たちが得た情報を正しく伝えるための工夫が必要です。

図6　データから使える情報へ

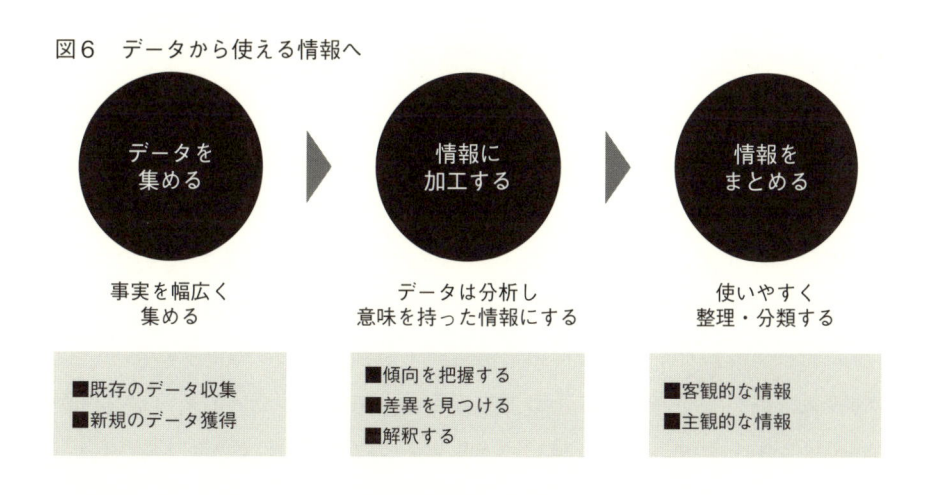

2-8 | アイデアをつくる

　一般的に、アイデア（Idea）とは「発想」「思いつき」のことをいいます。その語源はギリシャ語で「理想の形」を意味する「イデアidea」とされ、自分が今まで見たり、聞いたり、体験してきた蓄積の中から生まれてくるものとされています。また、ジェームス・W・ヤングは『アイデアのつくり方』という著書の中で、「アイデアは既存の要素の組合せ以外の何ものでもない」と述べています[i]。

「アイデアは、何かすごいことをゼロから考えることではない」
「アイデアは、あなたの経験したことの中から生まれる」
「アイデアは、すでにあるアレとコレをくっつけるだけ」

　このように言われると、少し気が楽になりませんか？
　ここまで集めてきた資産や情報を総動員して、さっそく商品やサービスのアイデアをつくってみましょう。

新しい組み合わせを考えてみる

　ここでは、「実現できそうかなあ」とか、「ちょっとピントはずれかなあ」「誰でも思いつきそうだなあ」といったアイデアの質を吟味することは一旦横に置いておきましょう。
　一見、テーマとは直接関係なさそうな情報を課題に結びつけてみたり、全く結び付けようがないと思っていた情報同士を強引に結びつけてみたり、視点を変えて新たな組み合わせを考えてみると面白いアイデアの糸口が見つかる可能性があります。逆に、結びつきやすそうな目先の情報だけを組み合わ

図7　アイデアをつくるステップ

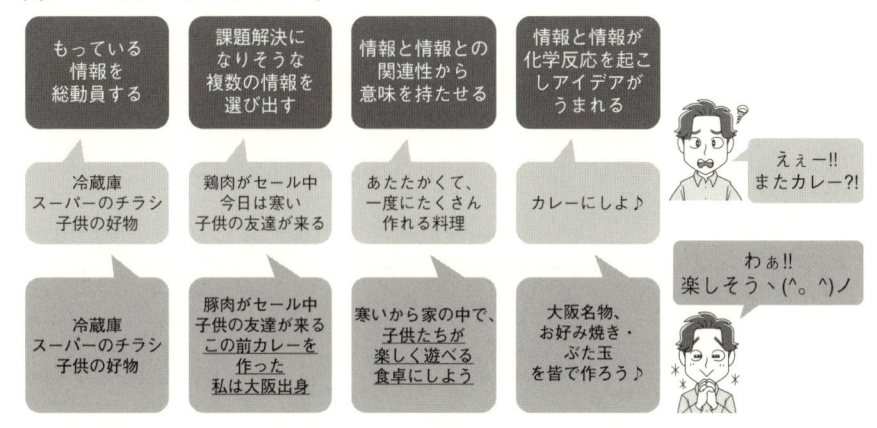

せていると、誰でも考えつきそうなアイデアになってしまうかもしれませんが、そんなことは気にせず、思いつくまま自由に様々な組み合わせを考えてみましょう。まずは、何度も何度も繰り返し考え、アイデアの数を増やすことに注力します。

【視点を変える①】古民家カフェ〜価値の転換

　近年、地域の空き家が問題となり、古民家をリノベーションしてカフェに生まれ変わった「古民家カフェ」が増えています。伝統的な日本の構法で建てられた古民家は、大きな柱や天井の梁、土間や床の間、茅葺などの屋根、などに、日本独自の風土や昔から流れている時間を感じます。訪れる人は、こんな空間でコーヒーや紅茶をたしなみ、日常の喧騒を忘れてゆったりとした時間を過ごせることで、幅広い層に人気となっています。

　しかし以前は、古民家は現代の建物とは異なり断熱材が施工されていないため気密性・蓄熱性能が低く、冬は寒い、虫が出やすい、シロアリの被害を受けやすい、などの不便さやセキュリティ面から敬遠されてきました。

　お客さまが求める「日ごろ味わえないリラックス感を味わいたい」というニーズに「日本独自の歴史や文化が香る古民家」という素材を掛け合わせてできた古民家カフェというアイデアは、「古民家＝古いから使いにくい、価

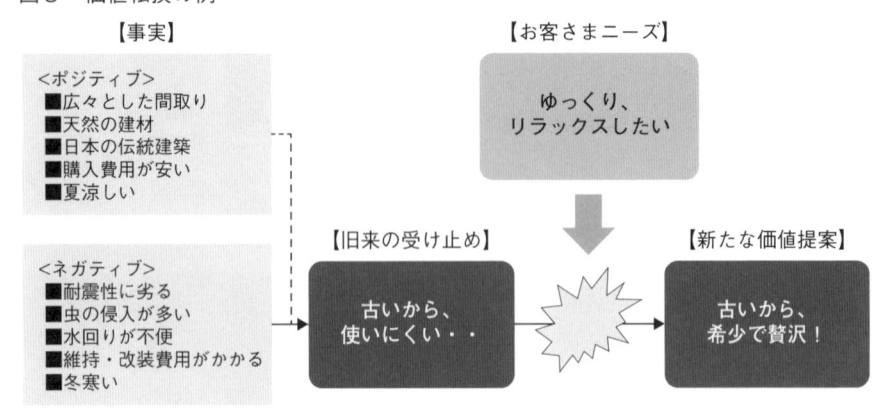

図8　価値転換の例

【事実】

<ポジティブ>
■広々とした間取り
■天然の建材
■日本の伝統建築
■購入費用が安い
■夏涼しい

<ネガティブ>
■耐震性に劣る
■虫の侵入が多い
■水回りが不便
■維持・改装費用がかかる
■冬寒い

【お客さまニーズ】

ゆっくり、
リラックスしたい

【旧来の受け止め】

古いから、
使いにくい‥

【新たな価値提案】

古いから、
希少で贅沢！

値のないもの」というそれまでの通念を、「古民家＝古いから懐かしい、伝統文化を肌で感じる特別で贅沢な空間」へ、マイナスからプラスへの価値変換をしました。まさに「視点を変える」ことで新しい魅力を作り出すことに成功した顕著な事例です。

【視点を変える②】コク・キレ〜新しい価値提案

　もうかなり前になりますが、「コクがあるのにキレがある」というキャッチコピーで話題になったビールがあります。このコピーを見たとき、たいへん驚きました。というのも、コクや旨みの強いビールは喉ごしのキレが悪い、喉ごしのキレがいいビールはコクや旨みが少ない、というのが当時の常識で、コクとキレという相反する味が同時に味わえるとは思ってもみなかったからです。まさに当時の常識をくつがえす新しい味の価値訴求でした。

　そしてこのコピーが、「どんな味だろう？」「飲んでみたい！」と多くのビール好きの興味を喚起し、商品のトライアルにつながったと考えられます。

　新しい関係性を考える場合、「○○だから△△」という納得や安心感をつくるもの１つの手法ですが、「○○なのに××」という本来なら結びつきそうもないものを結びつけることができれば、驚きや発見という新しい価値提案が可能になります。

図9　新しい価値提案の例

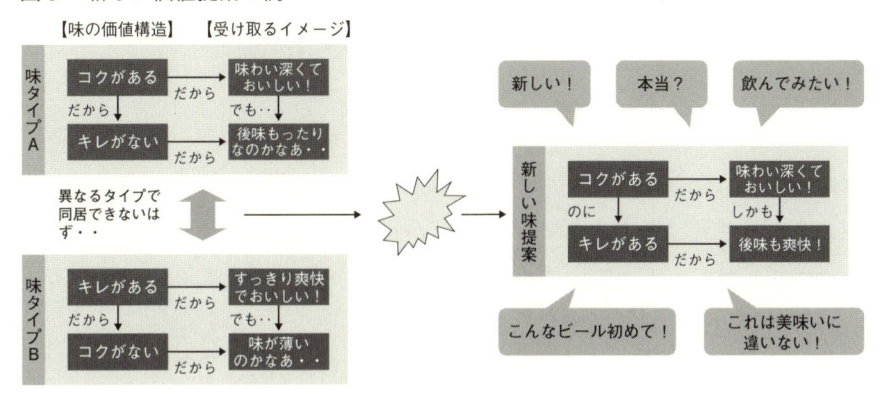

常識を疑う

　このように、「もう価値がない」と思われていたもの、「真逆の価値など同居させることなどできない」と思っていたものが、視点を変えて発想することで新しい価値をつくり出し、ヒット商品となります。

　そんな発想の妨げになるのが、「こうあるべきだ」「こんなことは無理」「昔からこうだった」といった、私たちが持っている固定観念や先入観です。これら日常の常識と思っているものはバイアス（Bias）と呼ばれ、時として新たな発見や気づきの機会をはばむ隠れた壁となります。

　みなさんが日ごろからふるさとの未来を考え実践してきた人であれば、なおさら無意識のうちに「お金がないからできない」「人がいないからできない」「資源がないからできない」といった思い込みがあるかもしれません。

　そんなときには、一度、みなさんの立場や所属している組織・集団から離れて、いつもとは異なる視点から見てみることが大切です。みなさんにとっての「常識」が他のひとたちにとっても同じだとは限りません。まちを訪れるお客さまの視点、事業者の視点、住民の視点、など、様々な異なった視点から考えてみましょう。

アイデアに行き詰ったときには

　日ごろからの思考パターンを変え、様々な視点からアイデアを考え続けても、どうしてもいいアイデアが思い浮かばないという壁にぶち当たることがあります。これはアイデアをつくるプロセスで誰もが経験することだと思います。そんなときに実践してきた突破方法から４つの例を紹介します。

● いつもと違うことをする

　新しい趣味を始めよう、とか、何か新しいことにチャレンジしようとか、そんなに大きな変化が必要ということではありません。「どうもいいアイデアが思い浮かばないなあ」と思ったら、日常の生活の中にちょっとした変化をつくることを試してみてはいかがでしょうか。

　例えば、いつもより朝30分早く起きて運動をしてみる。いつもの通勤経路と違う電車に乗ってみる、一駅前に降りて歩いてみる、など、日ごろの生活パターンを少し変えてみるだけで、思わぬことに出くわしたり、いつもの同じ景色の中にも新しい発見があったりします。知らず知らずのうちにマンネリ化した生活からは、新しいアイデアは出てきにくいものです。あえて「普段しないことをやってみる」ことで、脳に様々な刺激を与えることができます。

● なりきる

　その商品を買って欲しい人、そのサービスを使って欲しい人、対象となるお客さまに「なりきって」考えてみます。

　例えば、オフィスで働く女性をターゲットにした商品を開発しようとした場合、彼女たちのオフィスでの日常を想像してみます。

　実際の開発チームに女性がひとりもいなくても、男性陣で頭をかかえながら、ああでもない、こうでもないと想像（妄想）をめぐらせます。もちろ

ん、女性であれ男性であれ、オフィスで働く人たちに共通していることも多いので、ある程度は自分たちの実感・体験から想像ができる部分もあるはずです。そして、「きっとこうだろう」という仮説をたてます。

しかし、ただ机の上で考えているだけでは、本当に彼女たちの行動や心情に寄り添ったものになっているか不安なものです。そこで役に立つのが、先に「お客さまを知る」の節で行った作業です。もう一度現場に戻り、徹底的にお客さまの行動を観察することで、確信めいたものが生まれてきます。

● 連想する

自分自身に様々な質問を投げかけてみます。例えば、「カタチを変えたら？」「原料を変えたら？」「何か付け加えたら？」といった具合に、1つのアイデアから複数のアイデアを連想してみます。「あーしたら、こーしたら」と何度も何度も繰り返し、しつこくこねまわしているうちに、突破口がみつかる可能性があります。

それでも、アイデアを出し尽くした、もうこれ以上発想できない、という感覚に陥ったときに参考になる、一般的に使われている問いかけ法としてアメリカの広告代理店の幹部だったアレックス・F・オズボーンが考案したチェックリストを紹介しておきますj。

ただし、これはあらかじめ決められた項目に沿って発想していくため、かえって視野を狭め、自由な発想の機会をなくしてしまう危険性がありますので、注意が必要です。

この他にも、メジャーリーガーの大谷翔平選手が高校時代に作成したことで有名になった「マンダラート」など、ひとりでできる発想法がありますので、参考にしてみてください。

● 寝かせる

映画を見たりスポーツで体を動かしたりして、アイデアを考えることを止める時間をつくります。四六時中そのことばかりを考えている緊張を少し解

図10　オズボーンのチェックリスト

	項目	質問
1	転用	新しい使い道はないか？
2	応用	似たものはないか？真似できるものはないか？
3	変更	意味・色・カタチ・動きなどを変えられないか？
4	拡大	大きくしたらどうなるか？
5	縮小	小さくしたらどうなるか？
6	代用	他のもので代わりになるものはないか？
7	置換	入れ替えたら、順番を変えたらどうなるか？
8	逆転	逆さまにしてみたらどうなるか？
9	統合	合体、混ぜてみたらどうなるか？

きほぐすことで、思わぬひらめきが生まれてくる場合があります。先出の著書『アイデアのつくり方』の中でも、「問題を無意識の心に移し、眠っている間にそれが勝手にはたらくのにまかせておくこと」と述べられており、アイデアをつくるプロセスにおいて不可欠なものとされています[k]。

　ギリシャの哲学者アルキメデスが、風呂に入りボーッとしているときに、浴槽からあふれる湯を見て王冠の金の純度を測る方法をひらめき、歓喜のあまり「ユーレカ！　eureka」（ギリシャ語で「我、発見せり」）と叫んだのは有名な話ですが、まさにそんな瞬間が、みなさんにもきっと訪れます。

2-9 | アイデア会議

　アイデアをつくる作業は、集めた原石を総動員して「ひとり孤独に悩む」ことからはじまりました。しかし一方で、ひとりで考えていてもなかなか答えが見つからない「ひとりの限界」を感じることも多いと思います。そんなときこそ複数人で考えや意見をぶつけ合うことで、新しい気づきやアイデアを拡げることが可能になります。

　年齢の異なる人、異性、住まいの異なる人、職業や経歴の異なる人など、多様なひとたちとディスカッションすることが有効です。

　ここでは、複数人で協働して新たなアイデアを生み出す会議の手法として、「ブレーンストーミング」と「KJ法」を紹介します。

ブレーンストーミング

　ブレーンストーミング（Brain Storming）は、自由に意見を出し合うことで、新たな発想を生み出したりアイデアを昇華させたりする有効な会議手法として紹介されていますので、みなさんも聞いたことがあるのではないでしょうか。

　ブレーンストーミングの考案者であるアレックス・F・オズボーンは、著書の中で、「ブレーンストームbrainstormとは脳を使って問題を急襲すると言う意味である」と解説しています[1]。ストーミングという言葉は、ハチが羽をバタつかせ敵を急襲するありさまから来ていることから、ブレーンストーミングは参加したみんながワイワイガヤガヤせわしなく考えを出し合う場です。

　ところが、会議が始まってもなかなか発言が出ない、ということがしばしば起こります。たまに誰かが自分のアイデアを話しても、すぐに他の誰かが

否定的な意見を言い、また会議の場は静まり返る。うるさいぐらいに自分の
アイデアを出し、刺激をし合い、脳を活性化してアイデアを膨らませていく
という本来の趣旨とはほど遠い会議となってしまっていることがあります。

無責任にたくさん出す

　なぜ、自由に発言が出てこないのでしょうか。

　もちろん、本当に話すべきアイデアを持てていないという場合もあります
が、自分の考えや思いつきがあっても、どこかにそれを話すのが恥ずかしい
という気持ちがある場合が多いのではないでしょうか。
「こんなことを言ったらバカにされるんじゃないだろうか」「"それは違う
よ"と否定されるんじゃないだろうか」と、発言することに臆病になっている
のだと思います。

　アイデアを話すことは、自分の本質を見透かされるような、あたかも裸を
見られているような気持ちになるものですが、風呂に入るときは服を脱ぐよ
うに、アイデア会議では見栄や衒いといった心の服を脱ぎ棄て自分のすべて
を出し切る、といった気持ちで臨むことが必要です。

　また、最初から「正しい答えを言いたい」「ほかの人より優れたアイデア
を言いたい」といったアイデアの質にこだわると、発言を躊躇してしまい、
アイデアを出すスピードや量を落とす原因となります。

　アイデアをつくる初期段階で行うブレーンストーミングでは、無意味と思
えるアイデアでもためらうことなく、自由に、ある意味無責任にどれだけた
くさん出せるかが勝負です。10個のアイデアから３つを選ぶより、1000個
のアイデアから３つを選んだ方が、よいアイデアが出てくる確率が高くなる
のは自明です。突拍子のないアイデア、できそうにないアイデアも大歓迎。
他人のアイデアに耳を傾け、自分のアイデアをブラッシュアップし、また新
たなアイデアを考える。参加者全員が直観的に右脳をフル活用してアイデア
をどんどん増殖させる、そんな会議ができたら大成功です。

- ブレーンストーミングの 4 原則

ルール 1 「ひとのアイデアを批判・否定しない」

参加者の誰もがリラックスして自由に考えを話せる環境を保証することで、活気のある会議になります。

ルール 2 「突拍子のないアイデアを歓迎する」

アイデアの段階で「これはダメ」というものはありません。「やりすぎ？」と思うくらいの思い切ったアイデアから、徐々に現実的なアイデアに戻していくことはできますが、つまらないアイデアを面白いアイデアに伸ばす方が難しいものです。

ルール 3 「質より量を大事にする」

質にこだわると「他人より優れたアイデアを出そう」とし発言が少なくなってしまいます。つまらないと思うアイデアでも量を優先することで、参加者の思考を発散させ、結果的に質の高いアイデアを生み出すことにつながります。

ルール 4 「アイデアを組み合わせ・発展させる」

1 つのアイデアから別のアイデアを考え出す。参加者全員で 1 つのアイデアをつくるんだという姿勢で、複数のアイデアを組み合わせて発展させていきましょう。

アイデアを整理する

ブレーンストーミングで大量に出たアイデア、拡がったアイデアを整理し収束させるステップに進みます。ここでは KJ 法（KJ method）という手法を紹介します[m]。

KJ 法は 1967 年に文化人類学者の川喜田二郎氏が考案した発想法として知られています。かなり古くからある手法ですが、今でも多くの企業や団体で使われており、そのメリットは、「アイデアを可視化できる」「論理的に情報整理を行える」「少数意見を活用できる」「課題問題点を洗い出せる」「グル

ープ内で情報を共有しやすい」とされています。

- KJ法の進め方

  ステップ1「カードをつくる」

  1枚のカードに1つのアイデアを書き込み、アイデアの数だけカードをつくります。1つのアイデアの中に複数の要素が入っている場合は、なるべく分解して個別のカードにします。

  ステップ2「グループにまとめる」

  カードを眺め、似ているなと思うアイデアを1つのグループにし、そのグループに名前をつけます。

  ステップ3「図解する」

  関係のありそうなグループ同士を線でつないだり、囲ったりして、グループ間の因果関係・相関関係・対立関係などが見えるようにします。

  ステップ4「文章化する」

  それぞれのグループのカードに書かれている言葉を使ってグループごとに1つの文章にします。あわせて、図解で明らかになったグループ間の関係も文章にします。

最も難しいのが「グループにまとめる」「図解する」というステップですが、新しいアイデアをつくる肝となりますので、力の出しどころです。ただ、正しいやり方を理解して進めないと、うまくアイデアを整理できず逆に混乱してしまうこともままあります。KJ法の進め方については多くの書籍がでています。また最近では便利なソフトやアプリも出ているようですので、それらを参考にしっかり準備をしてから始めましょう。

図11　KJ法によるアイデアの整理

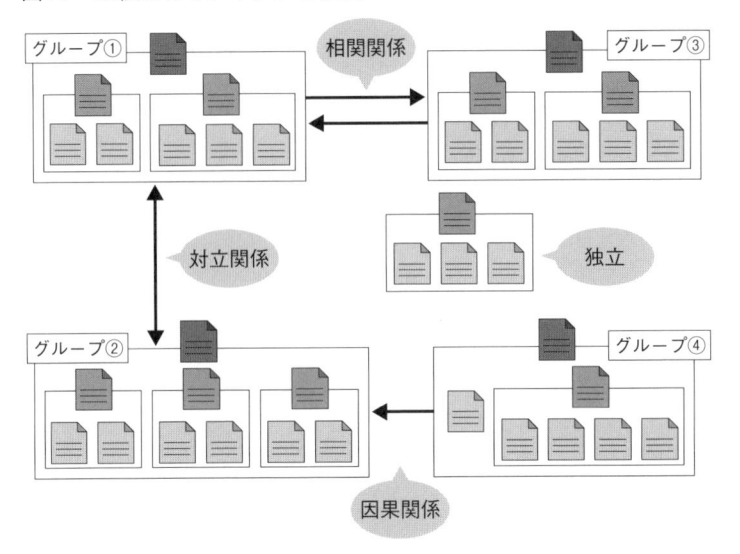

2-10 ｜ 「磨く」ステップへ進む

　ここまで、個人で、また、チームで様々なアイデアを出し合い、新たなアイデアを生み出してきました。みなさんで考え出したアイデアはきっとどれも魅力的で、すべてをカタチにしたいと思っていることでしょう。

　しかし、商品やサービスを開発し育てるには、時間とお金、そして大勢のヒトの力が必要となります。大企業や十分な資金や資源を持っている団体であれば、どれもこれもやってみることができますが、資金や資源が限られている中では、実際の開発作業に進めるものを絞り込む必要に迫られます。

　第2章の最後に、数あるアイデアの中からどれを次の「磨く」ステップに進めるのか、アイデアを絞り込む際に大切な3つの視点を紹介します。

なりたい未来の姿に立ち戻る

　今回みなさんがつくろうとする商品やサービスは「何のため」に開発するものだったでしょうか？　思い出してみましょう。

　ふるさと未来デザインの最初の作業として、「なりたい未来の姿」を想い描き、「ビジョン」を設定しました。

「全国の人が憧れる癒しの聖地になりたい」ということがビジョンであったなら、その実現に向けて、みなさんの「アイデア」はどんな役割を果たせそうでしょうか？　まちの名前を知ってもらうことができそうですか？　まちの魅力を伝えられそうですか？　まちに来てもらえそうですか？

　ここでは、未来のゴールに到達するために貢献できそうか、目的に沿っているか、ひとつひとつのアイデアを評価してみましょう。

図12　ビジョンの実現に向かうアイデア

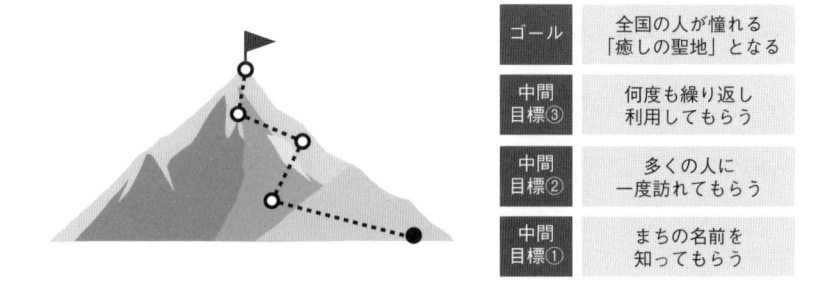

ゴール	全国の人が憧れる「癒しの聖地」となる
中間目標③	何度も繰り返し利用してもらう
中間目標②	多くの人に一度訪れてもらう
中間目標①	まちの名前を知ってもらう

お客さまにとって魅力のあるもの

　ふるさとの地理や歴史、現在を知ることで、そこにはたくさんの魅力ある原石が眠っているのがわかりました。その中には、みなさんのふるさとにしかないものがあることもわかりました。しかし、これからつくろうとしているものは、一部の愛好者や好事家に支持されればいいというものではないはずです。それがどれだけ希少で価値が高いものでも、買って欲しい・来て欲しいと思っているお客さまに支持されるものでないと、ふるさとを「なりたい未来」に導くことはできません。

　そのためには、つくったアイデアが、想定するお客さまに喜んでもらえるものなのか、興味を持ってもらえるものなのか、お客さまの視点から検証する必要があります。例えば、実際にお客さまに、つくったアイデアを見てもらい、感想や意見を聞くというステップを入れることも有効です。みなさん自身がどんなに素晴らしいアイデアだと思っても、お客さまにとって「見飽きたもの」「既視感のあるもの」である場合があります。そのようなアイデアはここでふるい落とし、お客さまが「おもしろそう」「楽しそう」とワクワクするようなアイデアを選びましょう。

無理なく続けられるもの

　1つの商品やサービスは、一度手に取ってもらえればよいというわけではありません。市場をつくるためには、一度買ってみるだけ、一回試してみるだけで終わることなく、その後何度も購入いただき、利用してもらうことでお客さまを「リピートユーザー」に育てていくことが重要です。そして、その商品やサービスを愛し続けてくれる「ファン」となったお客さまは、商品やふるさとの応援団となり、SNSを使って自らが口コミを投稿するなど、新たなお客さまづくりに協力する「発信者」となることが期待できます。「ファンがファンを連れて来てくれる」というわけです。

　一方、お客さまというのは、ずっとひと所に留まっているわけではありません。お客さまは新しい商品やサービスに出会うと、必ずそれを試そうと動きます。もしそれがみなさんのつくったものよりも魅力的であれば、お客さまはもう戻ってきてはくれません。みなさんがつくった商品やサービスは、お客さまにとっては「過去のもの」となってしまいます。実は、お客さまとは移ろいやすいもの、動く標的（Moving Target）なのです。

　一度ファンとなったお客さまにずっとファンで居続けていただくためには、常に新しい情報を届け、商品やサービスの魅力が色あせないようメンテナンスをしていくことが求められます。そして、お客さまとの深い関係性が築けたときに、商品やサービス、そして、みなさんのふるさとは、初めて「ブランド」となります。

　市場をつくり、ブランドをつくるためには、これから多くの時間と労力が必要となります。ここでは、長く無理なく続けられそうなアイデアを選ぶことも成功へのカギとなります。

図13 「磨く」ステップに進むアイデア

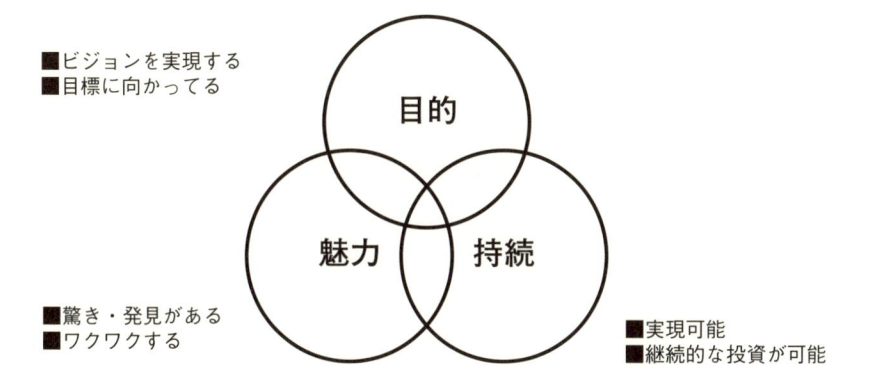

■ビジョンを実現する
■目標に向かってる

目的

魅力　持続

■驚き・発見がある
■ワクワクする

■実現可能
■継続的な投資が可能

a　松下幸之助『人を活かす経営』（PHP研究所）序章より

b　JALスタッフが厳選！　新千歳空港で探したい北海道土産11選　【2024】JALスタッフが厳選！ 新千歳空港で探したい北海道土産11選 - OnTrip JAL

c　Oxford Languages　方言 - Google 検索

d　デジタル大辞泉　「方言周圏論」の意味や使い方 わかりやすく解説 Weblio辞書

e　五所川原市観光協会HPより　津軽弁紹介 – 一般社団法人 五所川原市観光協会 (go-kankou.jp)

f　文化庁HPより　文化財の紹介 | 文化庁 (bunka.go.jp)

g　奈義町観光サイトより　奈義町／観光スポット一覧 (town.nagi.okayama.jp)

h　デジタル大辞泉「観光」の意味や使い方 わかりやすく解説 Weblio辞書

i　ジェームス・W・ヤング著『アイデアのつくり方』(CCCメディアハウス)P.27より

j　A・オズボーン著『創造力を生かす』(創元社)第20章－第28章より

k　ジェームス・W・ヤング著『アイデアのつくり方』(CCCメディアハウス)P.47より

l　A・オズボーン著『創造力を生かす』(創元社)第32章より

m　川喜田二郎著『発想法』中公新書より

CASE1　長野県青木村「SOBADAY」の物語

　長野県青木村では、「タチアカネ」という単一品種のそばを育て、青木村の特産物となっています。そばの産地としては後発ですが、日本全国の多数あるそばの産地の中で、単一品種を自治体をあげて育てているのが青木村の特徴です。村のそば屋で出す「そば切り」はすべて「タチアカネそば」、道の駅で売っている生そば・干しそばはすべて「タチアカネ」。村をあげて、タチアカネそばを特産品として打ち出しています。新そばの時期にはタチアカネの新そばを食べたい人が集まり、一大観光資源になっています。

　では、さらにタチアカネを発展させていくためにはどうしたらよいでしょうか。

　まずそば粉としての「タチアカネ」で、どんな市場創造ができるか、議論しました。

「そば切り」という主食も含め、タチアカネの特長が活かせる分野はどこか、複数の食の専門家に「味」「食感」といった「"そば切り"としてのポテンシャル」に加え、「"そば粉"としてのポテンシャル」を評価してもらいました。そこで見えてきたのは、「そば切り」以外の商品化の可能性でした。

　タチアカネはそばとしてはクセも少なく食べやすいのが特徴です。日常のなかでタチアカネを楽しんでもらいたい、いつもあなたのそばにあるタチアカネという想いを込めて、「そばがそばにある日常」というコンセプトを設定し、商品開発に取りかかりました。

　そして、でき上がったのが、「Sobaday（ソバデイ）そば粉パンケーキ＆ガレットMIX」です。タチアカネの持つ「穏やかな香り」と「もっちりとした食感」という素材の特徴を活かした、そばの風味が香ばしく、素朴でやさしいおいしさを手軽に楽しめる、「親子のおやつの時間のそばにタチアカネ」です。食卓に置いてもかわいい缶入りにし、タチアカネパンケーキを親子で

楽しむ様子を想像させます。

　次に、タチアカネそば粉を使ったクラフトビールの開発。「晩酌のそばにタチアカネ」です。こちらは大人向け。Sobadayが昼間の親子時間だとしたら、こちらは大人時間。ブランド名を「SOBAYOI（ソバヨイ）」としました。「SOBAYOI」と印字したエールビール専用グラスも制作しました。セットでおくと、あなたのそばにタチアカネそば、SOBAYOI時間の誕生です。さらに「SOBAYOI」ブランドでタチアカネのそば焼酎を開発しました。

　こうして、青木村の名産品ど真ん中にある「タチアカネ」は、生そば、干しそば、パンケーキミックス、クラフトビール、焼酎というランナップをそろえ、「日常のなかであなたのそばにあるブランド」として新たな展開をしてきました。その結果、既存のそば切りを大切にする方々と共存しながら、新たに間口を広げることができました。

　この企画の成功の要因には、
　①「タチアカネ」という青木村が村を上げて普及に取り組んでいる、個性
　　のあるそば粉の品種があった
　②「そば切り」という伝統的な食材・食べ方だけにこだわらず、新たな可
　　能性に挑戦した
　③その際、ターゲットを「若い人」に絞り、日常生活のどんなシーンにど
　　のように定着させるかを具体的にイメージし、ブランドコンセプトを設
　　定した
　④そのブランドコンセプトの下で、複数の商品を開発・発売した
　といったことがあげられます。まさに、村に既にあった名産品を、視点を変え、ターゲットを変えることで新たな価値提案・市場創造を行い、村の知名度アップ・来訪者の増加を実現することができた事例です。

タチアカネの花

一面に咲くタチアカネ

そば粉パンケーキ＆ガレットMIX「Sobaday」

エールビール「SOBAYOI」

タチアカネのそば焼酎「SOBAYOI」

「Sobaday」を使った調理例

第3章　原石を磨く

素晴らしい原石を発見したら、次は原石を磨き、実際の商品やサービスにしなくてはいけません。商品がお客さまの目に触れ、食べたり使ったり、体感したりできる、具体的なカタチあるものにするには、それなりのステップを踏む必要があります。

　この章では、みなさんが発見した原石を、お客さまに受け入れられ、ライバルにも負けない魅力あるものにしていくためのステップを紹介します。

3-1 | 原石を磨くってどういうこと？

原石が見つかれば良い。というわけではない

　前章で「原石」とは、ふるさとにある「磨けば光る素晴らしい素質や資産」と定義しました。この章では「原石を磨く」ことについてお話したいと思います。

「原石を磨く」とは、発見した原石となるふるさとの魅力を、お客さまにとって魅力なカタチにしていく過程を指します。時々「私のふるさとにはこんな良いものがあるのに注目されていない」という悩みを聞くことがあります。これは原石をうまく磨けていない、すなわち良い素材をお客さまにとって魅力的なモノやコトへカタチにできていない状態である場合がほとんどです。

　カタチにすること、つまり、お客さまが手に取ってくれる商品や、体感してくれるサービス、訪問してくれる観光資源など、モノに限らず体験を含めた商品やサービスなどの開発を総称して、この章では「商品開発」と呼ぶことにします。つまり「原石を磨く」ことは「魅力的な商品に仕立て上げる」ということです。商品開発においては、商品やサービスの内容自体をお客さまに喜んでもらえるように磨き抜くことも重要ですが、購買意欲や訪問意欲を高め、他の商品やサービスとの違いや覚えやすさ、情緒的な好意を得るためのネーミングやパッケージデザインも非常に重要です。

　商品やサービスを出す以上は、競争は避けられません。ものを買うにしても、何かを食べるにしても、旅に出るにしても、人は意識する・しないにか

かわらず、必ず何かと何かを比較して、選び、決定しています。

　魅力的な原石もその魅力が十分に伝わるように、アイデアを加えて他にはないステキなものにして世の中に出していくことで、お客さまの琴線に触れて訪問や購買、SNS拡散などにつながります。

　販売を目的とした商品であれば、販売するお店やECサイトにやって来る人に合わせて、来訪を目的としたサービスや施設であれば旅先やアクティビティを探している人に対して、魅力的なカタチに仕上げなくてはなりません。

　世の中の誰かが、みなさんが開発した商品を「よし！（競合商品ではなくて）これを買おう」とか、サービスや施設を「今度の休みには（他所もいいけど）あの場所に行こう」というように選んでくれることが重要です。

　宝石づくりを例にすれば、原石自体はそれほどの価値はありません、原石つまり石ころの状態からカットして不要な部分を取り除き、それを磨き上げて表面の凸凹や傷、汚れを取り、時にはさらに熱処理を施したりして一層の輝きや透明度、色合いを魅力的なものにします。そして、指輪ならリングに乗せ、高級感のあるケースもあった方が良いでしょう。より価値を高めるなら、ブランド名称も必要ですし、その宝石がどんな経緯を辿ってきたかのストーリーなどがあると話題性が増します。

　原石自体を磨きあげて輝かせることとは、単に石をピカピカにするだけでなく、名前や箱、話題性など様々な要素を考える必要があります。

　商品開発とは、内的要素＝商品やサービスの中身や内容、外的要素＝ネーミングやパッケージデザインなど、「内と外」の両面を徹底的に考え、さらには販路や価格を考え、仕上げていくことです。

　この章では、実際にみなさんが企画するときに使用できるワークシートを提示しながら、商品開発のステップを事例も交えてお話します。

外的要素
・ネーミングやロゴ
・パッケージデザイン

内的要素
・中身やサービス
・機能や素材、品質

3-2 | 原石を宝石に変える、5つのステップ

5つのステップを踏んで、初めて原石が宝石に生まれ変わる

1	開発スタンスを決める
2	商品やサービスの"魅力"を明確にする
3	コンセプトにまとめる
4	コンセプトをカタチにする
5	「プラスアイデア」で魅力アップ

　商品開発には、大きく5つのステップに分けることができます。

　この5つのステップは、商品やサービスの業種や企業、予算やメンバーなどで異なることもありますが、基本的な流れは以上の通りです。各ステップでどれだけ丁寧な活動をするかで、最終的な成功に大きな影響を与えます。

　詳細については次節以降で述べますが、各ステップを簡単に説明すると下記の通りです。

①開発スタンスを決める

　スタートラインに立ったら、なんとなく開発を始めるのではなく、必ず目的や目標、開発するカテゴリーやターゲット、予算やスケジュールなどの、開発スタンスを明文化しメンバー間で共有します。

②商品やサービスの"魅力"を明確にする

みなさんが開発する商品やサービスには、どんな魅力があるのかを「機能や品質面」と「情緒や感情面」の両面から規定します。

③コンセプトにまとめる

コンセプトとは、これから開発・販売しようとする「商品やサービスの核となる方針・思想・世界観」のことです。コンセプトづくりは前のステップまでに整理した魅力がお客さまにとってどのような存在になるのかを端的に文章にまとめることです。

コンセプトは、探し出した原石を魅力あふれる最終製品へと導くだけでなく、プロジェクトメンバーに意思統一をもたらし、商品完成後も販促プロモーションやブランドの拡大に向けた方向を定めるための羅針盤の働きをします。

④コンセプトをカタチにする

いよいよ、具体的な商品設計の段階です。機能やスペック、中身や内容、容量やサイズ、ネーミングやパッケージ、販売チャネルや価格など、お客さまに提供されるカタチを明らかにします。設計をしたら実現可能性や、商標や権利などのチェックも必要です。

⑤「プラスアイデア」で魅力アップ

商品やサービスの魅力がよりアップする「こだわり」を商品やサービスに付加すること。または周辺商品や、ネーミングやキャラクターの再活用など、プラスアイデアを同時に企画することで、ふるさとの魅力やビジネス面での「広がり」につながります。

3-3 | ①開発スタンスを決める

この原石磨きはなんのためにやるのか？

　みなさんがこれから開発する商品やサービスは、みなさんのふるさとの未来を素晴らしいものにするための第一歩となるものです。あるいは、長期的にふるさとの未来への繁栄をもたらす収益の柱となるかもしれません。

　ふるさとの雇用の維持や豊富な資源を適切に消費するために、継続的に需要がある姿を望むのであれば、生産や出荷作業などが追い付かないほどに売れ過ぎてしまったり、訪問者が来すぎて地域のキャパシティを超えてしまったりして、ふるさとの負担になることは目指す姿としてふさわしくありません。

　大企業であればヒットすれば生産ラインや仕入れ量を増やして、需要に応じて増産させることも可能ですが、ふるさとが供給できる人的資源や収容力には限りがあります。また、一時的に能力を増やしても需要が下がったときに増やした能力が活躍の場を失い荒廃してしまうようでは意味がありません。

「ふるさとの未来のために、どんな商品開発をするのか？」「継続的な繁栄や成長のために、開発した商品をこの先どう育ていくのか？」など、大切なのは商品開発に関わるメンバー全員が、同じ目的で、同じゴールを共有しながら足並みを揃えて行くことです。

開発スタンスは商品開発のスタートライン

　商品開発やサービス開発をするにあたって、いきなり中身やネーミングを

考え出すのではなく、「ふるさとのどんな未来のために」「ふるさとのどんな原石を使って」「どんなお客さまに」「いつまでに何を開発するのか」といった、開発スタンスを明確にしてからスタートしてください。

　みなさんの商品開発の目的やゴール、どんな商品開発をするかといった基本方針、これから開発していく商品やサービスなど、開発スタンスに必要な項目は以下のようになります。

【開発スタンスワークシート】

目的	
ゴール	
市場（マーケット）	
リソース	
ターゲット	
販路	
スケジュール	
費用	
メンバー	

• 目的

　目的が無いと、なんのための開発なのかが曖昧になってしまい、できあがった商品やサービスが魅力のないものになる可能性が高まります。商品開発をする目的や理由を、ふるさとやお客さまのメリットとなる視点で考えてみてください。

　例えば、「忙しい都会人に、この地域に癒しを求めて何度も通ってもらいたい」とか「このエリアの特産品を活用して、若者の新しい食文化を作りたい」といったものです。

- **ゴール**

　商品開発におけるゴールは、商品やサービスを具体的なものに完成させることです。目的を達成するためにどんな商品やサービスを開発するのか、この開発プロジェクトの目標を設定します。

　例えば「夏休みシーズンまでに、道の駅で販売されるお酒の新商品を1つ開発する」や「スキー場のベース付近のスペースにアクティビティを開発し、ファミリー来場者を増やす」といったように、できれば規模や期限など、具体的なゴール設定をしてください。

- **開発する商品やサービスの市場（マーケット）**

　次に、参入する市場カテゴリーと、その市場に関する留意すべきポイントをまとめます。開発しようしている商品やサービスのカテゴリーは何か？　競合にはどんな商品があるか？　競合の特徴や強み、弱みはないか？　どんな人がターゲットになるのか？　といった、基本情報やおさえておくべきデータを整理します。

　例えば、カテゴリーはふるさと名産の果物を使った「洋菓子」だとしたら、

- 販売されるのは道の駅や地元のお土産を扱う小売店。
- 同じ素材を使った競合商品は代表的なものにAとBがあり、また素材は違えどもお土産として人気の洋菓子のCというものがある。
- A・B・Cはどれも素朴なふるさとの雰囲気を活かし、どちらかというと中高齢者向けのパッケージデザインになっている。

といった具合です。

- **リソース**

　商品やサービスを開発するにあたり、どんなリソース（素材、技術、人材、設備、資金など）が必要かを明確にします。その際、備わっているリソースだけでなく、今後必要となるリソースを分けて整理し、足りない分をどのように補うかの検討が必要です。

- ターゲット

　開発する商品やサービスは、誰をターゲットにしているのかを明文化します。ターゲットはその属性や行動、ライフスタイル、ニーズや不満など、最も大切なお客さま像をなるべく明確に書き出してください。

- 販路

　開発する商品はどこで販売されるのか、サービスをどこで予約するかといった、お客さまに開発する商品やサービスを販売や提供する場所を明確にします。土産店、道の駅、店舗、自社EC、ふるさと納税、楽天やAmazonのようなECサイトなど、お客さまが「見つける場所」「買う場所」を想像して、販路を決定します。

- スケジュール

　商品開発に限らず、スケジュールを立てることはプロジェクトの基本です。いつまでに何をするのか？　ゴールとなる日を決め、次にゴールから逆算して、途中の節目となる日と節目で達成する項目も計画してください。

　スケジュールが曖昧なままにプロジェクトをスタートさせると、ダラダラしていつまでも話が進まなかったり、大切な機会を逃したり、役割分担をしても人によってペースがバラバラになってしまったりして、良いものができません。スケジュールを立てたら、節目ごとにその先をスケジュール通りにそのまま進めるか、改定するかを判断し、現実的な進行ができるか見直しながら進める必要があります。

- 費用

　この商品開発プロジェクトの開発費用はいくらなのか？　総費用を何にどう配分するのか？　費用の管理は非常に重要です。

　商品開発において、何かしら作るのであれば製作費用がかかります。その他リサーチ、デザインなどにも費用がかかるかもしれません。また発売後の商品原価や家賃などランニングコストや、販促費なども早いうちから把握できた方が開発時に役立ちます。

● **プロジェクトメンバー**

　商品開発をひとりきりで行うことはあまり多くありません。多くの場合、一緒にビジョンを共有し、ゴールを目指し、アイデアを出し合い、役割分担をして各々の特技を活かす仲間がいます。メンバーが集まったら、それぞれの役割やミッションを決めることをお勧めします。商品開発にあたり役割を果たす人が足りなければ、新たに誰かをメンバーに加えるか、コストをかけて外部に発注する必要があります。

②商品やサービスの "魅力"を明確にする

3-4

一見、同じ中身なのに なぜ結果に違いが出るのか

普段、みなさんが買ったり選んだりしているものは、必ずしも機能的に優れているわけではないはずです。パッケージが好きだったり、昔から愛用していたり、容量やサイズがちょうど良かったり、うまく説明できないけどなんとなく好きだったり、理由はいろいろあると思いますが、間違いのないことは「一見、同じようなものでも、売れるものと売れないものがある」という現実です。

商品やサービスを開発する上で大切なことは、同種の商品やサービスであっても、みなさんが開発するものに魅力を感じてもらうことです。では、なぜ一見同じ中身なのに結果に違いが出るのでしょうか？　その理由は様々ですが、代表的な理由は以下になります。

● 機能や特徴の違い

見た目は似ていても、実際の機能や特性が異なる場合があります。品質や性能、使いやすさなどが異なれば、お客さまからの評価も異なります。機能は優劣ではなく、お客さまとの相性です。PCで言えば、高いスペックより、使いやすさや単純な機能の方が好きだという人は多いと思います。お客さまにとって「ピッタリの機能や特徴かどうか」が魅力的かどうかの分かれ道になります。

● 表現の違い

パッケージデザインやネーミング、ロゴや看板など、見た目や言葉などの

表現の違いがお客さまにとって魅力的かどうかも大きな違いです。当然、デザインが優れている方が選ばれやすい商品です。デザインの優劣は、ターゲットにとって魅力があるかや、機能やサービス内容がきちんと伝わっているかによります。

● 販路や価格の違い

　商品やサービスがどこで、どのように販売されているか。アクセスのしやすさや、オンラインならお客さまの検索や情報収集の動線に乗っているかなど、購買や選択しやすい販売チャネルかどうかで違いが出ます。また、価格要素も大きく、お客さまにとって納得のいく、払っても良いと思える価格設定になっているかが大切です。後述しますが、価格は安ければ売れるというわけではありません。

● ブランド力の違い

　商品やサービスを販売する会社や商品カテゴリーなどのブランド力は販売を大きく左右します。知名度や既存ファンの数が多い場合や、評判の良いものであればお客さまが商品やサービスを選ぶ上での大きなアドバンテージになります。

　商品やサービスブランドだけでなく、その地域の知名度やイメージといった「地域ブランド」の力も販売に大きな違いをもたらします。

　強いブランドは、信頼や期待、安心感、誰かほかの人への推奨など、多くの違いをもたらします。

機能的な魅力と、情緒的な魅力

　お客さまが商品やサービスを選ぶ際には、物理的・実用的な機能や品質面でのメリットと、満足感や感情に訴える情緒的なメリットの両方で検討します。モノやサービス内容を企画する際には、機能面だけでなく情緒面での魅力づくりをしっかりする必要があります。

機能的な魅力
・機能、性能
・スペック
・素材、味わい

情緒的な魅力
・心理的メリット
・共感、自分向け
・期待感

• 機能的な魅力

　機能的な魅力のことをマーケティング用語では「機能価値」や「物性価値」などと呼ぶことがあります。機能的な魅力は文字通り、性能や特性、スペックなど直接的、実体的に得られる魅力です。例えば、炭酸飲料であれば「強炭酸で、強い刺激がある」であったり、スマートフォン機種なら「バッテリーが長持ちする」とか「カメラの画質がいい」であったりというような、性能や役割などが相当します。

　原則的には、機能的な魅力がライバルに対して著しく劣ると不利な状況だと言わざるを得ません。しかし、劣っている点がいくつかあっても、どこかに秀でた魅力を見出し、その魅力を最大限に活かすことができれば、市場で充分戦っていくことが可能です。

　物理的な魅力がどこにあるのかを明文化し、その魅力をどうやって活かすかを徹底的に考えることが大切です。

• 情緒的な魅力

　情緒的な魅力とは、お客さまがその商品を使用したりサービスやアクティビティを体験したりすることによって得られる感情的な満足や心理的なメリット、ブランドの名前やロゴを見ただけで期待や欲求を喚起するといった、感性的な魅力です。

　情緒的な魅力を感じるには、視覚や聴覚など五感を通じた印象（例えばパッケージがかっこいいとか、名前が素敵といったもの）、体験や経験を通じた感情的なつながり（使用したときの喜びや、体験したときの楽しさ）、自己演出につながる（持っていると人から注目されるとか、消費することで世の中に貢献できる）といったことが必要です。

情緒的な魅力で良く例にあがる、アップル製品で言えば「持っていればクリエイティブな人というイメージになれる」「洗練されたデザインがかっこいい」「新製品に期待する」といったことはすべてアップルの情緒的な魅力です。アップルが製品を開発する際には、機能やプロダクトデザインが情緒的な魅力を損なわず、むしろ使用し続けることで魅力が上がるよう開発しているはずです。

　機能面でも情緒面でも、「ふるさと分析」は魅力づくりに非常に大きな影響があります。その地域ならではのもの、その文化が反映されたもの、その地理的条件や気候がもたらす他にない個性、当地の昔話を商品のネーミングやパッケージづくりに活かすという手もあります。みなさんのふるさとの魅力が反映された商品やサービス開発のために、ぜひふるさと分析を活かしてください。

ライバル情報は宝の山

　前述したように、市場分析の1つに「ライバルを知る」というのがあります。開発しようとしている商品やサービスの競合となりそうなものについて分析することですが、誰を（何を）ライバルとするかの設定は非常に重要です。

　以前、私の携わった仕事に高級なプレミアムアイスクリームブランドがあり、そのブランドのライバルは何かという話になったとき、他のプレミアムアイスはもちろんですが、重要なライバルに「お風呂タイム」が存在するという話になりました。そのプレミアムアイスはターゲットが20〜30代の働く女性だったのですが、彼女たちにとってプレミアムアイスは「夜、寝る前にその日一日頑張った自分へのご褒美に楽しむもの」であり、同様な楽しみをもたらすものとして「お風呂に入ること」もライバルだということになったのです。アイスとお風呂は違うカテゴリーですが、過ごす時間や気持ちが競合するということです。そこから、お風呂での過ごし方や気持ち、風呂上

がり後の服装など、お風呂タイムを分析することで商品のパッケージデザインや広告づくりに役立てたことがあります。

　このようにライバル分析は、カテゴリー内で競合する商品やサービスの特徴や強み弱みを知ることではありますが、「誰がライバルなのか?」というところから視野を広く持って分析すると、多くのヒントが得られるはずです。

　また、同じ売り場に並ぶこともなく、遠く離れた場所であるなどして直接的には競合しなそうなものであっても、みなさんが開発しようとしているものと同種のカテゴリーや同じ魅力を持つものについては、一通りチェックしておくことも大切です。思いがけず同じもの、あるいは非常に似ているものを作ってしまい「パクリ」と言われてしまうのを避けることにもなります。

　一方、やや矛盾しているように聞こえてしまうかもしれませんが、ライバルから学ぶべきところがあれば、とことん参考にする。特にカテゴリーが違えば、著作権や意匠など法律に反していない限りにおいては、多くのことを見習うことができます。

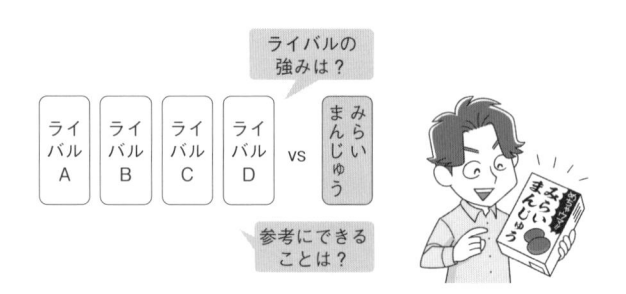

3-5 ｜ ③コンセプトにまとめる

コンセプトってなんだ？

「コンセプト」という言葉を知っていますか？

たぶん「コンセプトカフェ」「コンセプトバー」や「コンセプトカー」という言葉なら聞いたことがあるのではないでしょうか。

「猫カフェ」や「メイドカフェ」「展望カフェ」「駄菓子バー」などを総称して「コンセプトカフェ」「コンセプトバー」と呼びます。猫と戯れながらコーヒーを飲めたり、メイド姿のコスプレをした女性と好きなアニメの話をしながらお茶が飲めたり、眺望の良い場所で夜景を楽しみながらお酒が飲めたり、いずれも特定のテーマを全面に押し出すことで独自の「世界観」を創り出しています。

また、「コンセプトカー」とは、自動車メーカーがモーターショーなどでの展示を目的に製作した車で、新しい技術やデザインで「これからこういう車をつくっていく」という未来を表現した車のことです。

「コンセプト」という単語をオンライン辞書サービスWeblio[a]で検索すると、『コンセプト（英：concept）とは、「概念」や「観念」のこと。conceive（心

コンセプトは、
商品やサービスの核となる
方針・思想・世界観

に抱く）の名詞形である。』と説明されています。その語源は、強調の接続語「Con-」にラテン語の「capere（強く捕まえる）」を加えたもの、「妊娠」の意味のラテン語「concipere」から変化したもの、など諸説あるようです。

　これらのことから、「コンセプト」とは「これから向かっていく"方向"や実現したい"世界観"を示したもの」と言えそうです。そこでこの章では、みなさんがこれから開発・販売しようとする**「商品やサービスの核となる方針・思想・世界観」**と定義することにしましょう。

　商品開発におけるコンセプトづくりは、第2章で探し出した原石を、ピカピカに磨き最終商品の宝石へと仕上げるための、つまり具体的な商品設計を方向付けるものです。

　有名なコンセプトの例として、コンセプトという言葉がマーケティング業界だけではなく多くの人に使われるようになったきっかけの1つにもなった、スターバックスの「サードプレイス」があります。サードプレイスとは、自宅でも職場でもない、第3のリラックスできる場所のことで、ストレスの多い現代社会で、単にコーヒーを飲む店ではなく、息抜きやリフレッシュをしたり、コミュニケーションを生む場所としてスターバックスを位置づけたコンセプトです。

　ここでは、前述のコンセプト定義に続いて、なぜコンセプトが重要なのか、良いコンセプトとは、そして、コンセプトのつくり方をお話していきます。

コンセプトがないと商品開発はできないのか？

「コンセプトがないと商品開発はできないの？」

　という質問を受けることがよくあります。答えは「コンセプトがなくても商品開発はできる」です。ただし、コンセプトがある商品とない商品には大きな違いがあります。

例えば、みなさんの町に来た観光客に向けて、地元でしか手に入らない材料を使ったお菓子を考えたとしましょう。あなたは、このお菓子は「地元でしか手に入らない」ということを“ウリ”にしたいと思っています。

しかし、お菓子のパッケージをデザインする人は、「地域の子供たちが喜ぶデザインにしたい」と思っている、一方でお菓子を売るお店の人は「カルシウムがたっぷり摂れる」ということをアピールしたいと考えている、もしこのような状況になったら、あなたはどう感じるでしょうか。

「町に来た人に買ってもらうために地元の材料にこだわって作ろうとしているのに・・」と戸惑うに違いありません。

ではなぜこのような状況が起こってしまうのでしょうか。

それは、あなたの「想い」がパッケージをデザインする人や店頭で販売する人に伝わっていなかったからです。商品やサービスを開発し販売するときには多くの人の協力が必要になりますが、その一人ひとりが違った想いでいたら一貫性のある開発や販売ができなくなります。

「コンセプト」は協力するすべての人が同じ目的をもって、同じ方向を向いて進むために必要な道具なのです。アイデアは「頭に浮かんでくるもの」、コンセプトは「誰かに説明したり、みんなで共有できるように言語化したもの」と考えることもできます。

確かにコンセプトがなくても、商品はつくることも売ることもできます。しかし、コンセプトがあることで、開発する商品やサービスの設計の基盤がはっきりします。機能や品質、デザインや価格、使用シーン、体験シナリオなど、微に入り細に入り検討することができ、ブランドとして個性や特徴を理に適った形で際立たせることができます。

また、みなさんの「ふるさとへの想い」を実現するためには、コンセプトに書かれた「方向性」「思想」「世界観」を、協力するメンバー全員と共有することではじめて「ブレのない一貫性のあるブランド」の開発が可能になります。チームで開発をする場合には、複数のアイデアを絞り込む際の「判断基準」になり、最もコンセプトを体現しているアイデアを選択することが可

能です。また、アイデアがなかなか広がらなかったり、議論が迷宮入りしそうなときには「立ち返る場所」となり、今一度メンバーでコンセプトを見直し、理解しなおすことで、新しいアイデアやブレークスルーをもたらすことができます。

　売れ続ける商品、お客さまが絶えないサービスには必ず強いコンセプトが存在しています。

良いコンセプトがブランドをつくる

　すぐれたコンセプトには個性があり、競争力があり、世界観があります。そして、コンセプトは実際の商品やサービス設計のアイデアを指し示すコンパスのような役割りを担うものであり、あなたやプロジェクトのメンバーが悩んだときに立ち返れる基本方針となります。

　そして、すぐれたコンセプトに共通することは「お客さま目線」であることです。自分たちが何を作るのかというより、お客さまにどんな喜びやワクワク、メリットをプレゼントするのかといった、お客さま目線でまとめられています。

　良いコンセプトの条件は以下になります。

• お客さまニーズに応えている

　コンセプトはお客さまのニーズを満たしていたり、今ある商品やサービスに対する「不」を払拭していたり、得られるメリットが明確になっていること。

• 独自性、競争優位性がある

　ライバルブランドに対して、差別優位性があること。そのブランドならではの考え方や、開発思想、世界観が反映されなくてはいけません。

• 規定した魅力が体現されている

　原石やその地域の特徴や特色を礎に、ターゲットが欲しくなったり使用や体験を通じてますます好きになったりするような、開発するブランドの機能

的な魅力と情緒的な魅力が込められていること。

- **明確でわかりやすい**

　コンセプトは、商品開発だけでなく、今後も販売やプロモーションを行っていくときなど、多くの人々にみなさんのブランドを説明し企画していくために使用します。難しい言葉や複数の解釈ができるような表現は避けて、平易で誰もが初見で理解できることが大切です。

- **実現可能性がある**

　技術面、品質面、費用面、継続性や拡張性など、様々な観点から本当に実現できるのかを良く検討してください。

コンセプトにまとめてみよう

　コンセプトは短い一文で構成されるものです。特に文字数に制限はないのですが、最大30文字程度の文章で1〜2行に簡潔にまとめてください。

　また、コンセプトは単独で提示されることもありますが、特に商品開発のフェイズでは、コンセプト開発までのステップで明確にしたものと一まとめにされている方が、その後の様々な場面で活用するときに便利です。

　コンセプトを開発する手順は、この章でこれまでお話したステップが基本となります。

　　1．目的／ゴール

　　2．市場（マーケット）

　　3．ターゲット／ターゲットのニーズや、払拭したい「不」

　　4．開発する商品の魅力（機能面／情緒面）

　　5．競合に対する差別優位性

　　6．コンセプト

　　7．コンセプトの検証

　1〜3は「①開発スタンスを決める」で、4は「②商品やサービスの"魅力"を明確にする」で検討したステップです。

コンセプトはキャッチコピーではありません。こなれた言葉や詩的な言い回し、英単語の必要以上な使用は避けて、平易で誰もがすぐに理解できる言葉を選びましょう。

　コンセプトのつくり方には、特に決まったやり方がある訳ではないのですが、私の場合はまず核となる「キーワード」を考えます。例えば、梅が名産品の地域で、梅に関する歴史や食文化の情報発信をしながら、同時に物販をする店舗を開発するプロジェクトのコンセプトを開発するとします。ターゲットは地域の歴史や文化に興味がある観光客で、他の一般的なお土産屋と違って情報発信に力を入れるお店だとしたら、コンセプトのキーワードに「発信」という言葉を決めます。そしてキーワードの前後に必要な言葉を加えながらコンセプトを完成させていきます。加えたい要素に「実は質の高い梅を栽培するのは非常に大変で、ここの梅が美味しいのは生産者の愛情と手間がかかっている」「この地の梅文化と担い手を残すために、もっと梅を消費してもらいたい」などがあれば、コンセプト案は「おみやげと、美味しさの秘訣が手に入る、梅の物語発信地」というように完成されていきます。

【コンセプトワークシート】

ターゲット	概要	
	ニーズや「不」	
魅力	機能的な魅力	
	情緒的な魅力	
競争力	差別優位点	
	新しさ	
コンセプト		
商品設計の考え方	サービスや中身	
	ネーミングやデザイン	

　コンセプト例として、「夢と魔法の王国」（東京ディズニーリゾート）、「1000曲をポケットに」（iPod）などがあり、インターネット等で検索できるコンセプト事例をいろいろ見てみるのも参考になります。

　また、メンバーのみなさん自身で、有名なブランドやヒット商品のコンセプトを類推してみる「逆読み」は、コンセプトづくりのトレーニングとして有効です。私も若いころは、有名なブランドのコンセプトを「逆読み」して、コンセプトづくりの訓練をしました。例えば、iPhoneがヒットしたとき、これは電話が進化したものではなく、インターネットコミュニケーションや音楽端末が進化し電話に似た形になったものだと考え「キーボード不要の、ハンディPC」と推測したりしました。

　ライバルとなる2つのブランドのコンセプトを逆読みして比較するのも良い方法です。例えばスターバックスとドトールコーヒー、ディズニーリゾートとUSJ、IKEAとニトリ、ガリガリ君とハーゲンダッツなど、コンセプトを考えることは、ブランド開発を逆読みすることにもつながり、みなさんのプランニングスキルを向上させることに大いに役立ちます。

あの人気ブランドの
開発コンセプトは
なんだろう…

④-1コンセプトをカタチにする（プロダクト化する）

　いよいよ、具体的な商品設計の段階に入りました。みなさんはここに至るまでに、ビジョンを描き、ゴールを決め、市場やライバルをリサーチし、ふるさとの魅力や特徴を理解し、開発する商品やサービスの魅力を整理し、それらをコンセプトにまとめてきました。

　今までのステップを踏んでいれば、開発する商品やサービスについて、かなり具体的なアイデアが出来上がってきているのではないでしょうか？

　このステップでは、実際にお客さまの目に触れたり、見たり食べたり体感したりする、中身や機能などの内的要素と、ネーミングやパッケージといった表現などの外的要素の具体的な商品設計をしていきます。

モノやサービスなどの具体的な内容

　具体的な内容を設計するときの要点として、機能や技術、材料や素材、サイズや形状などを設計します。モノによっては品質基準や性能、味わいなど、サービスであれば安全基準や所要時間なども設計します。

　文章だけでなく、イメージ画や設計図面などがあった方が良いカテゴリーもありますので、みなさんが開発するカテゴリーに合わせて、製造や提供するために必要だと思うことを明確にしていきます。

　大切なことは「コンセプトをカタチにする」ということです。繰り返しになりますが、コンセプトは羅針盤です。商品アイデアの段階でコンセプトを忘れてしまうことが往々にしてありますが、この商品ならではの競合に負けない魅力の体現や、ふるさとの未来につなげるための商品設計を、コンセプトからブレることなく考えてください。

　例えば、ある離島のビーチリゾートのアクティビティ開発プロジェクト
で、コンセプトを「泳ぎが苦手な人でも熱帯魚と泳げる」というものに設定
したとします。その場合のサービスの中身を考えるとすれば、

- 浅瀬で波や潮の流れがないところのカワイイ熱帯魚が住むエリアを使用
- 小さいお子さんや泳げない人でも熱帯魚に近づけるようにシュノーケリ
  ングセットを貸し出す
- 長時間泳がない人のために、ビーチパラソルとビーチベッドを貸し出す
- その地域の想い出やSNS拡散のために、素適な撮影スポットを設置する
- 泳げない方や初心者の安全を最優先し、ライフジャケット着用必須をル
  ールにする
- 安全安心のため、監視員の数を一般的な海水浴場よりも大人数配置する

といったように、ふるさとの良さを活かしながら、泳げない人や小さいお
子さんのいるファミリーでも楽しめるアクティビティを設計していきます。
他にも安全を重視するために1日に訪問できる人数を1000人までに絞ると
か、泳げる人用に少し離れた深場のシュノーケリングスポットを設けるな
ど、アイデアを膨らませることができます。

　商品やサービスの中身を開発するときは「使用シーン」を想像しながらア
イデアを考えてください。お客さまがどのように使うのか？　誰と体験する
のか？　どんなワクワクや喜びに出会えるのか？　など、何よりもお客さま
視点で考えてください。モノがあるからお客さまが来るのではなく、お客さ
まがいてお客さまの「あったらいいな」をかなえるために開発する商品やサ
ービスがあるのです。

ネーミングやパッケージ

　中身や機能、素材などの内的要素は、実際に使用したり体験したりしない
と実感できないものですが、ネーミングやパッケージなどの外的要素は、購
入前や体験前に「この商品は良いものに違いない」や「私に合っている」と

思わせるもので、ブランドの観点からも非常に大切なものです。ネーミングと、ネーミングを表現するロゴ、そしてパッケージは、あなた自身やプロジェクトメンバーで検討することもできますが、コストを使ってプロに頼むことでより洗練されたものを開発することも可能です。

ネーミングは、ブランドの印象を形成する、お客さまとの初期のコミュニケーションでもあります。そして、その後も購入や体験し続けていただくことで、長期的に信頼感や期待感、ブランドイメージを想起させるものとなります。

■ネーミングの主な役割

- 他ブランドとの識別、区別となる
- お客さまにブランドを印象付け、記憶に残す
- 商品やサービスが提供する、魅力や特徴を表現する
- ブランド独自のイメージや、好感度をもたらす
- 開発、販売するインナーの人たちの帰属意識をもたらす

など。

■良いネーミングの条件

- シンプルであること、覚えやすいこと
- ユニークであること、個性や独自性があること
- ネーミングに何かしらの意味があること
- ブランドへの想いが込められていること
- 商品やサービスの魅力や特徴を表していること
- 将来的なブランドの拡張や新商品展開に対応できること

など。

ネーミングは、お客さまに他ブランドと識別していただくだけでなく、好意や理解促進、あるいは開発するみなさんと仲間たちインナーのモチベーシ

ョンアップにも寄与します。

　シンプルでユニークなネーミングであれば、検索サイトやSNSでの検索性は＃（ハッシュタグ）で目立つのでオンラインでの視認性を高めることができます。また、良いネーミングは、商品やサービスの競合に対する差別優位性を想起させ、ターゲットのお客さまが商品に込められた魅力を瞬時に判断してくれることにもつながります。

　ネーミングは、名前だけでなく「ロゴ」にすることも重要です。すぐれたロゴデザインは、ブランドイメージをより強く印象付けることができ、デザイン次第で好感度を高めることもできます。ロゴはネーミングの文字をデザインしたもの（ロゴタイプ）と、ネーミングとセットで記号を加えたもの（ロゴマーク）の両方があります。身近な商品や店舗などのロゴを意識して見てください。きっといろんなロゴがあることに気づくはずです。そして、似たようなネーミングでもロゴデザイン次第で印象が大きく変わることに気づくはずです。

　パッケージもネーミング同様、ブランドの印象を早期に形成する非常に大切な要素です。ネーミング以上に多くの商品情報を提供します。

■パッケージの役割

- 商品を保護する
- 商品概要や、容量、賞味期限などの機能的情報を伝える
- 店頭での識別性や、インパクトを与える
- ネーミング同様、ブランドの独自性や魅力を表現する

など。

　パッケージデザインは、ブランドの機能や基本情報を伝える役割と、ブランドの魅力を表現するという2つの大きな役割があります。機能面では、商品を保護し、ボリュームや、持ち運び性などの情報を視覚的に表したり、商

品カテゴリーや、使用方法、中身などの情報を表すといった役割があります。

ブランドの魅力を表現するという面では、パッケージデザインが与える印象次第で、ブランドイメージを大きく左右します。パッケージデザインは、大きさ、素材、文字（文章）、色、デザインモチーフ（題材）など、様々な要素が組み合わさって、インパクトや美しさ、時代性など印象が変わり、ブランドイメージ形成に寄与します。同じ文章でも文字の大きさやフォントでオシャレ感が変わるし、色づかいで相手が受ける印象も大きく変わります。

色が与える印象について、私の失敗談をお話します。日本にやってくる外国人をターゲットにしたある食品のパッケージデザインに携わったのですが、高級感を出すために黒を基調色としてパッケージをデザインしました。しかし、いざ発売したもののあまり売れませんでした。そこで理由を探るべくリサーチをしました。するとターゲットの１つであった中国人の方にインタビューをしたところ、中国では黒は食品では高級な色と感じる人は少なく、むしろ「暗い」「おいしくなさそう」な色に感じたと言われてしまいました。このように色が与える印象は大きく、また国籍や価値観によっても印象が変わることを改めて痛感しました。

パッケージデザインをするときは、どのような売り場に並ぶかをイメージしてデザインしましょう。同じ売り場に並ぶライバル商品のデザインも調べておいた方が良いです。販売する場所がカジュアルなお店か、高級感のあるお店か、どんな商品と一緒に並ぶかといったことで、デザインの方向性は大きく変わるはずです。

パッケージは基本的にはモノを包むものですが、店舗やサービスの場合には、店や施設の外装やファサードなどもパッケージデザイン同様にブランドの識別性や独自性、魅力を表します。

「ふるさと要素」を加える

この本の主題は「ふるさと未来デザイン」ですので、開発する商品やサービスが単なるビジネス上の成功ではなく、ふるさとの未来に貢献することを成功の条件としています。

これから開発しようしている商品やサービスのヒットが、みなさんのふるさと＝地域ブランドの活性化につながることを目指しています。

開発する商品やサービスに「ふるさとならではの要素」をどう込めるかは非常に重要です。商品の原材料に特産品を入れたり、そこでしか味わえない大自然や景観が体験できたり、どんな要素が加えられるかは商品開発の初期段階から決めてください。もし、中身に入れられなければ、ネーミングやパッケージデザインにふるさと要素を加えてください。

そもそも地域の特産品や名物を活用するのはスタートラインであっても、それだけでは同じ地域のライバル商品とは差別優位化できないかもしれません。その場合は、私たちが開発する商品やサービスに、ふるさと要素をいかに魅力的に加えられるかが重要です。

地元の人にとっては一見、なんてことない材料をメインに据えたり、地域の歴史や物語をモチーフにデザインをするなど、ふるさと要素の入れ方や見せ方が重要です。

例えば先ほど例にあげた、南の島での「泳げない人も熱帯魚に会えるシュノーケリングスポット」では、見られる熱帯魚が一見地味だけど実はその地域以外では珍しい魚であれば敢えてその魚を主役にしたキャラクターを開発しグッズ化するのも良いでしょう。

ふるさと要素が上手に加わると、販売してくれるお店がその商品をアピールしやすくなります。お客さまは選ぶ理由ができるし、その地域の文化や歴史を感じてくれたり、口コミやSNSで誰かに発信してくれたりなど、様々な効果が期待できます。

プロの力を活用する

商品開発をする上で、アイデアは自分たちで作れるけれども、どうしても自分たちの力ではアイデアを具体的な形に落とし込むことができない場合が出てきます。特にネーミングロゴや、パッケージのデザインなどは、イメージできてもイメージ通りに表現できない場合が多いです。

そのときは、デザイナーなどの専門家に発注する方法も有効です。コストはかかりますが、プロに頼むことで想像以上に良いものになることがあります。

プロの人たちに協力してもらう際に重要なのは「オリエンテーション（通称オリエン）」です。これまで考えてきた「開発スタンス」「ブランドの魅力」「コンセプト」「具体化するためのアイデア」を、わかりやすく簡潔に資料化しましょう。絶対に口頭だけのオリエンはしないでください。

クリエイティブ表現においては、ターゲット、ふるさと分析、競合などの情報は重要です。ターゲットのどんな気持ちに刺さりたいのか？　ふるさとの文化や歴史などをデザインモチーフ（題材）にできるものはないか？　ライバル商品はどんなデザインで人気があるのはどんなものか？　など、アイデアのヒントになる情報を提供してあげることで、みなさんのイメージとベクトルが合っていきます。

また、スケジュールと費用については、曖昧にせずに事前にしっかりすり合わせておきましょう。商標チェックや権利となるものの管理などは誰がするかなどの役割分担もあらかじめ決めておいた方が良いです。これらの話を後回しにして揉めてしまうようなことになっては、ビジネス的にも精神的にも良くありません。

【新商品設計書ワークシート】

コンセプト			
市場カテゴリー			
ネーミング案			
具体的な内容 （中身や素材）			
使用シーン			
デザイン方向性			
特長 （差別化点）			
販売情報	販路	価格	発売時期
備考 （参考情報や イメージ画像など）			

3-7 ④-2コンセプトをカタチにする(完成させる)

価格はお客さまとの価値の交換

　価格を決める方法には、大きく3つの方法があります。

　1．相場価格から決める

　2．コストから決める

　3．お客さまの価値観から決める

　地方での価格設定について、私は「安すぎる」と感じることが多々あります。考えられる理由としては、「これより高くしては申し訳ない」といった奥ゆかしさや、「この地域では珍しくないものに高い値段は付けられない」といった地元の価値観での価格設定などがあるようです。しかし、儲からなくては地域の活性化にはつながらないし、何よりもこの先若い人や外部から「ふるさと未来の"担い手"」が来てくれません。儲かることもふるさとの未来づくりの1つと考えて価格設定をしてください。

　1．相場価格は、カテゴリーの価格相場から似たような価格設定をする方法です。2．コストから決めるのは、オーソドックスに製造コストや原材料費、人件費、物流費などの関連コストから利益額／利益率を算出して価格設定する方法です。この2つの方法は無視できませんが、ぜひみなさんは「3．お客さまの価値観」から価格を決めてください。相場やコストは後で検証手段として行うことをお勧めします。

　お客さまの価値観で価格を決めるということは、ターゲットが「このブランドに払うにふさわしい」と思う価格を適正価格と見極めることです。

　価値とは文字通り「お金(価)を払うに値する」という意味です。ターゲ

ットが変われば価値観も変わります。ある人たちには高過ぎると感じるものであっても、別のある人たちにとっては「お手頃」です。定めたターゲットが「この価格でも買いたい」と思う価格を検討します。

　以前ニュースで、あるスキーリゾートでのインバウンド客向けのラーメンが一杯3000円以上で販売されていて「高すぎるのでは？」と取り上げられていました。しかし、そこはアジアや欧米の富裕層が集まるエリアで、彼らにとっては「ジャパンのソウルフード」ラーメンを体験するにはちっとも高くないのです。失敗したくない観光客にとっては高い方が安心して頼めるということもあります。

　高く売ることが誠実さに欠けるとは思わずに、価値にみあった適正な価格で売ることが大切です。ぜひ、ターゲットが欲しいと思う適正価格を探してください。

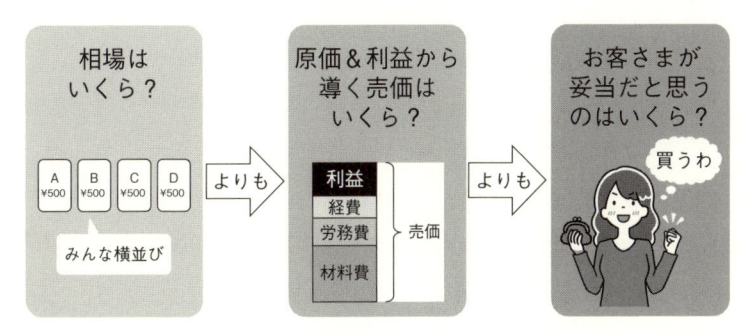

実現性のチェック

　商品設計ができてきて、モノづくりやサービスの概要がカタチになってきたら、試作品やテストサービスを作成します。想定通りの魅力があるものになっているか？　期待した品質になっているか？　継続して提供できそうか？　などを確認し、不具合があれば修正を行い、最終商品へと仕上げていきます。

　せっかくのアイデアが具現化できても、お客さまに提供し続けられなけれ

ば意味がありません。

　チェックポイントは、生産面で言えば、味や機能が本当に設計した通りのものになりそうかという実現性と、今後も継続して提供し続けることができるかという持続性、開発コストが回収できて成功したときは収益を確保し続けられるかという収益性があります。

　また、カタチにできるだけでなく、お客さまに今後長きにわたって支持してもらえるかというブランドとしての持続性も大切です。ブランドへの信頼性や、お客さまのニーズへの変化に応え続ける進化や拡張性、飽きさせないニュース性など、様々な観点から商品設計を検証してください。

チェックポイント		判定（×のときは対応計画を立てる）
コンセプトの反映	コンセプトおよびコンセプト開発までの経緯が反映されているか？	
お客さま評価	本当にお客さまに受け入れられるレベルにあるか？	
実現性	設計したクオリティでカタチにできているか？	
継続性	継続して提供できるように調達や生産ができるか？	
収益性	きちんと収益のあがるビジネス構造になっているか？	
今後の拡張性	この先、商品やサービスの新規展開や販路や店舗の拡大など、広がりを持つことができそうか？	
法務関係	法律・法令違反や、特許や商標などを侵害していないか？	

知的財産のチェック

　新しい技術や、独自のネーミングやデザインなどは、大切なブランド資産です。これらが模倣されたり盗用されたりしないように、権利や商標といった知的財産を守る法律があります。

　知的財産について大切なことは、みなさんのブランドが権利を侵されないように守ることと、逆にみなさんのブランドが権利を侵してしまわないようにすることの両面があることです。

　特に開発時には、本人が意図する・しないにかかわらず「パクってしまってないか」は慎重にチェックしてください。盗用するのは問題外ですが、盗用したつもりはないのに盗用されたと思われてしまってもダメなものはダメです。

　ネーミングなら特許庁のサイトで簡単に商標検索ができます[b]。パッケージデザインなどは、競合や類似商品のパッケージをなるべくたくさんチェックして、独自のものになっているかチェックしてください。

　また、開発したネーミングなど、知的財産として登録できるものは登録することによって守る手段もあります。コストがかかることなので、商標登録まではしていないブランドは多くありますが、一旦は検討してみてください。

　また、知的財産に関する最終的な判断は、弁理士さんなどのプロに相談することをおすすめします。

主な知的財産権[c]

- **特許権**

　自然法則を利用した、新規かつ高度で産業上利用可能な発明を保護

　例：通信の高速化、携帯電話の通信方式に関する発明

- **実用新案権**

　物品の形状、構造、組合せに関する考案を保護

　例：携帯性を向上させたベルトに取付け可能なスマートフォンカバーの形状に関する考案

- **意匠権**

　独創的で美感を有する物品の形状、模様、色彩等のデザインを保護

　例：美しく握りやすい曲面が施されたスマートフォンのデザイン

- **商標権**

  商品・サービスを区別するために使用するマーク(文字、図形など)を保護

  例：電話機メーカーが自社製品を他社製品と区別するために製品などに表

  　示するマーク

3-8 ⑤「プラスアイデア」で魅力アップ

こだわりが宝石の価値をあげる

　少し精神論的な話になりますが、良い商品やサービスを開発するには、ギリギリまでこだわり抜くこと、創意工夫を怠らないこと、良い意味でのあきらめの悪さが必要です。

　発明王トーマス・エジソンの言葉に「ほとんどすべての人間は、もうこれ以上アイデアを考えるのは不可能だというところまで行きつき、そこでやる気をなくしてしまう。勝負はそこからだというのに。(Nearly every person who develops an idea works at it up to the point where it looks impossible, and then gets discouraged. That's not the place to become discouraged.)」[d]という名言があります。また、バスケットボールマンガの金字塔『SLAM DUNK』に出てくる安西先生の「あきらめたらそこで試合終了だよ」は多くの人が知っている名言だと思います[e]。商品開発もしかり、あきらめたらそこで試合終了です。

　商品開発において、あきらめずに良いものを突き詰めることは、他にはないこのブランドだけの特別な要素を盛り込むことです。ふるさと未来デザインにおいては、その地域ならではの何かを見つけ商品やサービスに盛り込むことや、開発する商品やサービスの魅力が増すような関連商品や付帯サービスを開発することです。

　例えば、地域の神話や文化を商品のネーミングやパッケージに盛り込むこと。食品であれば生産者の努力や味わい方を伝える動画を制作しパッケージにQRコードを載せて見てもらうことなど。ふるさと未来デザインにおける

こだわりとは、開発する商品やサービスを通じて、ふるさとを「最大限に楽しみ尽くす」「もっとふるさとを好きになってもらう」「ふるさと沼にハマらせる」ための工夫をどう作り出すかということです。

ふるさとの「関連消費」を考える

長野県長野市戸隠は、そばの里として有名です。長野市商工会が出している別冊「戸隠そばどころ」マップには40店ものそば屋さんが紹介されており[f]、週末ともなればそばを求める人々が多く集まる場所です。

その戸隠に「信州戸隠山御門前 蕎麦処うずら家」[g]というお店があります。名物のそばはもちろん、天ぷらやお酒も非常に美味しく、週末ともなると数時間待ちにもなる大変な人気店です。うずら家の特徴は、待ち時間に行列でひたすら待つのではなく、お店を離れることができることです。入口に名前を書き込むシステムで、書き込んだ順番で何時頃に再来店すればいいかがわかります。そのため、戸隠に訪れた方は真っ先にうずら家へ行き名前を書き、目安の時間までは近くの神社にお参りしたり、戸隠周辺の眺望スポットへ行ったり、お土産を買ったり、中には他のおそば屋さんでそばを食べてから再度うずら家でそばを食べる「そば屋のはしご」をするなどして戸隠を楽しんでいます。

以前、うずら家のご主人にお話を伺った際に「戸隠を楽しんでもらいたいので、お客さまにお待ちいただく時間も無駄にして欲しくない。記名時にご案内する時間の目安をお伝えすることで、待つ間にも戸隠を散策していただけるようにしています」と仰っていました。戸隠という地域全体を考えられていて、関連消費や戸隠ブランドの底上げにつながる好事例だと思います。

うずら家は戸隠のメインエリアの路地を少し入った場所にあります。近くには楽しめるスポットが沢山あり、お店の窓からは戸隠ならではの壮麗な景色を眺めながらおそばを楽しめることができます。ご主人は「戸隠を楽しみながらおそばを食べることも、うずら家の味になる」とおっしゃっていまし

た。実際、うずら家の店舗は現在の一店舗のみで支店はありません。戸隠の
そばを戸隠の景色と一緒に楽しめる、素晴らしいこだわりだと思います。

　また、うずら家には「一期一会」というコンセプトがあります。訪れるお
客さまが初めての方でも、常連さんでも、その日その日のご来店での出会い
を大切にし、最大限に楽しんでいただこうと努力されています。うずら家は
接客を決してマニュアル化せずに、その場その場で臨機応変に最適の接客を
心掛け実践しています。実際にインターネットでお店の口コミを見ると、接
客の素晴らしさについて触れているコメントが多く、料理だけでなく多面的
に高い評判を得ていることがわかります。

　商品開発は、1つの商品やサービスを開発するだけでも大変ですが、でき
ればその商品やサービスから「広がり」を生み出す工夫をしてください。

　例えば、酪農が盛んな場所でチーズの新商品を開発するなら、同じブラン
ド名でチーズ作りができる体験工房のようなサービスを開発する。海の幸が
美味しい場所なら、その海の幸を使った名物料理と一緒に最もマッチするお
酒を開発する。シュノーケリングスポットに、すこし寒い日や雨の日でも楽
しめるサービスを開発するなど、ふるさとを好きになってもらうために、と
ことんこだわってみてください。

3-9 | 事例：長崎県壱岐市の 麦焼酎「壱岐島 あぶくまる」

　実際の商品開発事例を、お話したステップに合わせて紹介します。

　壱岐島（いきのしま）は、長崎県にある離島で、九州の玄界灘沖、福岡県と対馬の間にあります。太古から交易の拠点として栄え、中国の歴史書の「魏志」倭人伝や日本の「古事記」にも登場し、歴史好きな人には元寇の舞台となった場所の１つとして知られているかと思います。福岡県の博多から高速船に乗れば１時間ほどで行くことができ、キレイな海や、ウニやイカなどの海の幸、ブランド牛の壱岐牛、古墳や神社も多く神様が住む島で、観光やグルメ、パワースポット巡りなどを目的に、特に長崎や福岡などの九州北部の人にとっては気軽に行ける観光地としてもお馴染みです。

　壱岐島は麦焼酎の発祥の地と言われており、島内には現在も焼酎の蔵元が７つ存在しています。そんな壱岐島の名産品である壱岐の麦焼酎「壱岐島あぶくまる」の商品化の過程を紹介します。

　この商品開発プロジェクトは、壱岐島の北部にある勝本地区の「海神（わたつみ）」という飲食店やお土産店を営む会社が、壱岐島北部の勝本エリアを盛り上げることを目的として開始されました。

　「壱岐島 あぶくまる」は海神と壱岐の老舗焼酎蔵である「玄海酒造」とのコラボレーションにより、2023年11月に発売した麦焼酎の新商品です[h, i]。

①開発スタンス

【壱岐島あぶくまる：開発スタンスワークシート（抜粋）】

目的	・勝本から、壱岐を活性化させる
ゴール	・勝本エリアに、若い人を呼び込む新しい商品を開発する
市場（マーケット）	・壱岐島の特産品の１つで多くの訪問者が土産として購入する「麦焼酎」の新商品 ・「売り場で目立つ」「焼酎に詳しくない人が"パケ買い"する焼酎」「壱岐の人、酒屋さんがすすめたくなる酒」であること
リソース	・壱岐島の老舗酒蔵「玄海酒造」（コラボレーション）
ターゲット	・壱岐島に訪れる、女性や若者のお酒ライト〜ミドルユーザー ・ターゲットの特徴 「お酒は飲むが、あまりハードな飲み方はしない」 「ハイボールや新ジャンルのビール、カクテルなどを飲む人たち」 「壱岐来島の目的は観光とグルメ。酒はメインではない」 「壱岐焼酎は買いたいが、既存商品は自分向けではないと思っている」
販路	・海神の販路（物産店、飲食店、自社EC） ・壱岐および長崎関連の物産販売店（島内の土産店、長崎県アンテナショップなど） ・玄海酒造販路による全国の酒店

【ビジョン】

• 勝本から、壱岐を活性化させる

　壱岐島の中心地は、どちらかというと福岡からの船が発着する島の南部で、遠方となる北部の勝本エリアまで足を運ぶ人は減ってしまいがちです。このプロジェクトは、近年、辰ノ島を始めとした名所やアクティビティは増えているものの、さらに多くの人に勝本の魅力を知ってもらい、足を運んでもらい、勝本エリアの物産を消費してもらうためにスタートしました。

　また、近年は壱岐島自体も一時期ほどの人気の観光地ではなくなってきており、この商品開発プロジェクトの最終的なゴールは勝本地区だけでなく壱岐島全体が活性化することをビジョンとして規定しました。

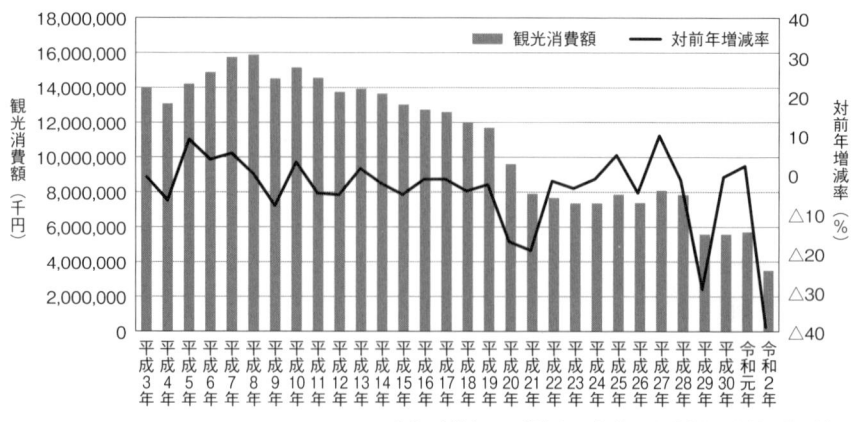

壹岐市　観光消費額

出典：壹岐市 HP　統計データ集「7-2. 観光客数・消費額（年別）」

【ゴール】

- 勝本エリアに、若い人を呼び込む新しい商品を開発する

　壹岐島は歴史がある昔ながらの観光地として馴染みがある一方で、一時に比べ観光消費額も減少傾向にあり、鮮度のある人気スポットというほどでもなくなってきています。近年もパワースポットやイルカのテーマパークなどにファミリーや若い女性たちも訪れていますが、もっとイマドキの観光地としてアップデートさせることと、老若男女問わず楽しめる観光地やグルメなどがあることを知らしめるような新商品の開発を目標としてスタートしました。

【開発する商品やサービスの市場（マーケット）】

- 壹岐島の特産品の１つで多くの訪問者が土産として購入する「麦焼酎」の新商品
- 目指す商品像は、「売り場で目立つ」「焼酎に詳しくない人が“パケ買い*”する焼酎」「壹岐の人、酒屋さんがすすめたくなる酒」であること

　上記の設定をするにあたり行った、壱岐島の麦焼酎市場の分析

　分析１"強み"　壱岐は麦焼酎発祥の地で、圧倒的な品質と供給力を誇る。

　分析２"市場機会"　多くの人は、壱岐のお土産として麦焼酎を購入する。特に九州北部の人には壱岐＝麦焼酎の認識があり安定した人気カテゴリー。

　分析３"弱み"　既存の麦焼酎には新しさが乏しい。若い人が手に取ったり、家に置いたりしたくなるようなオシャレなボトルが少ない。

　分析４"脅威"　無数の新商品が存在し、新商品が生き残るのは困難。

　上記から、参入する「お土産麦焼酎マーケットは激戦区」である一方で「古臭く、若い人向けになっていない」市場にチャンスがあると判断しました。

　*パケ買いとは、パッケージを見て中身を知らなくてもパッケージの印象のみで買う行動のこと。似た言葉で本やCDの場合の「ジャケ買い」がある。

【リソース】

• 壱岐島の老舗酒蔵「玄海酒造」が持つ麦焼酎

　玄海酒造は1900年（明治33年）創業の老舗の酒蔵。島独自の製法を守りつつ、島の幸に合う焼酎や、飲む人の飲用スタイルに応じた様々な麦焼酎を開発しています。今回のプロジェクトは海神と玄海酒造のコラボレーションで、開発メンバーが考えた味わいや飲み方を、玄海酒造の製造により実現させました。

【ターゲット】

• 壱岐島に訪れる、女性や若者のお酒ライト〜ミドルユーザー

• ターゲットの特徴

　「お酒は飲むが、あまりハードな飲み方はしない」

　「ハイボールや新ジャンルのビール、カクテルなどを飲む人たちで、焼酎をストレートやロックで飲んだりはしない」

「壱岐来島の目的は観光とグルメ。酒はメインではない」

「壱岐焼酎は本場だし、お土産として買いたいなと思っているが、既存の壱岐焼酎は自分向けではないと思っている」

【販路】

- 海神の販路（物産店、飲食店、自社EC）
- 壱岐および長崎関連の物産販売店（島内の土産店、長崎県アンテナショップなど）
- 玄海酒造販路による全国の酒店

②商品やサービスの"魅力"を明確にする

　開発スタンスから、昔ながらの良さが魅力の壱岐の麦焼酎ではなく、今時の若い人や女性が、もっとライトに飲める焼酎の魅力づくりを模索することにしました。

　まず、魅力を規定する前に、開発する新商品と既存の焼酎との差別化ポイントを明確にしました。

- 既存＝歴史や伝統的壱岐文化に対して、新商品＝歴史や文化を「現代化」させた新しい壱岐の世界観
- 既存＝昔ながらの焼酎（ストレートやロックをコップやロックグラスで飲む）に対して、新商品＝今どきの飲み方の焼酎へ（炭酸割りを大ぶりのタンブラーで飲む）

【「壱岐島 あぶくまる」ポジショニング】

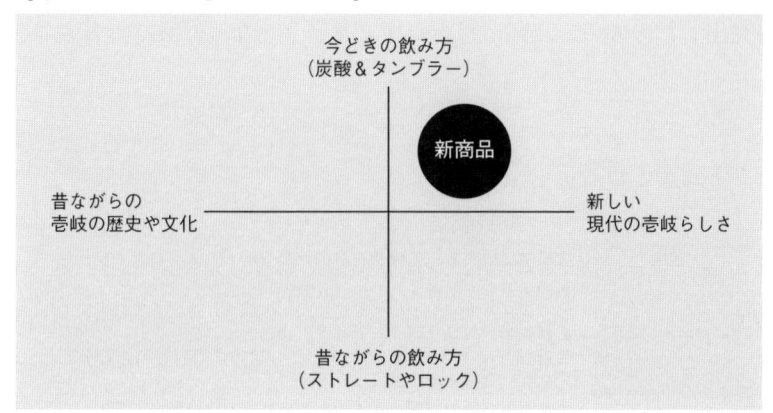

　上記の差別化ポイントを味や飲用シーン、パッケージなどの設計に活かすべく、魅力を明文化しました。

- 機能的な魅力：本物の壱岐焼酎（製法も昔ながらの壱岐の麦焼酎であること）。酒臭くなく、飲みやすく、壱岐の海の幸に合う味わい。
- 情緒的な魅力：おしゃれでかわいい。自宅に置かれても恥ずかしくない。人に言いたくなる壱岐勝本エリアの話のネタがある。

　この新商品の原石の1つは、間違いなく壱岐の麦焼酎ですが、その他にも多数の原石たちを組合せてブランドを作り上げています。麦焼酎以外の原石が「壱岐勝本エリアの"誰かに語りたくなる"話のネタ」です。壱岐の北部勝本エリアにある多数の自然や文化、言い伝えや歴史など、土地の様々なネタを原石として探し出し、新商品の中身やネーミング、パッケージデザインなどに活用しています。今回活用した原石をあげると以下になります。

- 麦焼酎：壱岐島は麦焼酎発祥の地で、昔ながらの製法で焼酎が作られている
- 日本海玄界灘の離島ならではのマグロ、イカ、ウニなどの「海の幸」
- 勝本地区の景勝地「辰ノ島」の美しい自然、歴史や言い伝え
- 壱岐は多くの神様が住む「パワースポット」

これらを新商品の魅力に取り込む要素として整理しました。もちろん、原石として見出したものの、今回は採用せずに見送りとなった原石たちも存在します。

③コンセプトにまとめる

【壱岐島あぶくまる：コンセプトワークシート】

ターゲット	概要	・壱岐島に訪れる、女性や若者のお酒ライト〜ミドルユーザー	
	ニーズや「不」	・お酒は飲むが、あまりハードな飲み方はしない ・ハイボールや新ジャンルのビール、カクテルなどを飲む人たち ・壱岐来島の目的は観光とグルメ。酒はメインではない ・壱岐焼酎は本場だし、買いたいが、既存の壱岐焼酎は自分向けではないと思っている	
魅力	機能的な魅力	・本物の壱岐焼酎（製法も昔ながらの壱岐の麦焼酎であること） ・酒臭くなく、飲みやすく、壱岐の海の幸に合う味わい	
	情緒的な魅力	・おしゃれでかわいい ・自宅に置かれても恥ずかしくない ・人に言いたくなる壱岐勝本エリアの話のネタがある。	
競争力	差別優位点	・今どきの飲み方（大ぶりのタンブラーで炭酸で割る）	
	新しさ	・壱岐の歴史や文化を「現代化」させた新しい壱岐の世界観	
コンセプト		"誰かに語りたくなる「壱岐勝本の物語」を味わう麦焼酎"	
商品設計の考え方	サービスや中身	・玄海酒造が生産する壱岐の麦焼酎 ・飲みやすく、壱岐グルメ（マグロやイカ、ウニなど）に合う ・ハイボール世代が、炭酸で割って飲むもの ・焼酎臭さはNG ・アルコール分25%、720mｌ（一般的な度数とサイズ）	
	ネーミングやパッケージデザイン	・ネーミングとパッケージデザインのモチーフ（題材）に、発掘された"伝説のアニメーターが書いた「壱岐の妖怪」"を活用する ・壱岐勝本の観光地「辰ノ島」の由来やストーリーを反映させる	

【焼酎プロジェクト開発コンセプト】

誰かに語りたくなる「壱岐勝本の物語」を味わう麦焼酎

　コンセプトづくりにあたり、昔ながらの麦焼酎ではなく、新しい現代の世界観を作ろうという意思統一がなされました。昔ながらの壱岐の焼酎の良さは捨て難いのですが、そこは競合ひしめく大激戦区です。私たちの課題認識は「若い人を壱岐に呼ぶ」ことにあるので、麦焼酎も現代版にアップデートしたいと考えました。

　若い人がやってきて、勝本の歴史や文化に触れ、海や辰ノ島を観光し、ウ

ニやイカなどの海の幸を食べながら、美味しい麦焼酎を、炭酸割りなどで今風に飲んでもらいたい。さらにお土産としても買っていただき、誰かに壱岐勝本の話をしてもらったり、家で壱岐勝本を思い出してもらいたい。そんな焼酎を作ろうという意思を"誰かに語りたくなる「壱岐勝本の物語」"というキーワードに込めました。

④コンセプトをカタチにする

【壱岐島あぶくまる：新商品設計書ワークシート】

コンセプト	誰かに語りたくなる「壱岐勝本の物語」を味わう麦焼酎	
市場カテゴリー	壱岐島土産／麦焼酎（壱岐産）	
ネーミング案	壱岐島　あぶくまる	
具体的な内容 （中身や素材）	・玄海酒造が生産する壱岐の麦焼酎 ・飲みやすく、壱岐グルメ（特にマグロやイカ、ウニなどの海産物）に合う ・焼酎臭さはNG ・アルコール分25％、720mℓ（一般的な度数とサイズ）	
使用シーン	・食事中（壱岐グルメを味わいながら、壱岐を思い出しながら） ・ハイボール世代が、炭酸で割って飲むもの ・お土産に渡す（あぶくまるや辰ノ島について語りたくなる）	
デザイン方向性	・若い人やお酒ライト層が選ぶ、焼酎らしくないおしゃれなデザイン ・ボトルは、ウィスキーなどに使われる、筒形の肩のあるボトル ・色は「辰ノ島周辺の海の色＝壱岐グリーン」 ・ラベルデザインは「龍宮あぶくまる」が辰ノ島の海中に住む世界観を表現	
特長 （差別化点）	・壱岐焼酎に詳しくない人が「パケ買い」する個性的なデザイン ・壱岐の歴史と酒文化を「現代化」した焼酎	
販売情報	販路：わたつみ物産店	
	価格：2,200円（税別）	発売時期：2023年11月

　コンセプトが決まれば、壱岐勝本の「いま」を商品設計に込めていく作業です。

　焼酎の中身については、パートナーの老舗酒蔵である玄海酒造に相談して、海の幸に合う、若い人や女性のライトユーザーが飲みやすい味わいのものを探し出してもらい、その中からコレだというものを選び出しました。

【新商品の中身】

- 玄海酒造が生産する壱岐の麦焼酎
- 飲みやすく、壱岐グルメ（特にマグロやイカ、ウニなどの海産物）に合う
- ハイボール世代が、炭酸で割って飲むもの
- 焼酎臭さはNG
- アルコール分25%、720ml（一般的な度数とサイズ）

【ネーミングとパッケージ】

　一番の問題は、「壱岐勝本の"いま"」をネーミングやパッケージに込める作業です。

- ネーミングとパッケージデザインのモチーフ（題材）に、発掘された"伝説のアニメーターが書いた「壱岐の妖怪」"を活用する

　実は当初のプロジェクト開始時は、海神が出すお酒なのでネーミングも「海神」で、壱岐の方言を原石として活用して、若い人が知らない方言を楽しみながら飲んでもらえるようなパッケージや、お酒を飲む時用のグラスのアイデアを進めていました。

　しかし、開発プロジェクトのオーナーが、もう1つの原石を発見し、方向性が急転換しました。それが伝説のアニメーター故須田正己さんが描いたイラストです。

　須田正己さんは「妖怪ウォッチ」「マッハGOGOGO」などのキャラクターデザインや「SLAM DUNK」や「遊☆戯☆王」などの作画監督を手掛けてきた、日本アニメ界の巨匠です。このプロジェクトが発足する前に亡くなられていた方なのですが、須田さんが生前、レストランにあった紙に「壱岐の妖怪」というリクエストを受けて書いたイラストをガラケーで写真におさめたものが残っていました。

この、飲みの席のちょっとした余興で書いたかもしれない、しかし個性的で魅力的なイラストを、海神のキャラクターとして、様々な展開を行っていこうという計画が同時に持ち上がり、その第一弾として、開発中の焼酎に活かしていこうということになりました。

【須田さんが生前に描いた「壱岐の妖怪」のイラスト】

- **須田さんのイラスト蘇らせ、壱岐勝本のキャラクターを作ろう**
  イラストをキャラクターとして活用するために行ったことは、
- イラストのキャラクター設定をする（名前や性格などプロフィール）
- 須田さんのご家族からの許諾と契約
- 写真でしか残っていないイラストを、清書し色をつける

キャラクター設定は、壱岐勝本の魅力の洗い出しから始めました。

壱岐島は古事記にも出てくる歴史ある島で、島内には150社以上の神社が存在しており、近年パワースポットとして女性を中心に注目を集めています。そして、壱岐島北部の勝本エリアには「辰ノ島」という無人島があります。勝本港から船で10分ほどの無人島で、透明度の高い海と、断崖絶壁の景観が楽しめる場所で、昔から様々な言い伝えがある、神秘的な島です。

パワースポット壱岐、辰ノ島の自然と言い伝え。さらに海外では日本は「マンガやアニメ」が魅力の国です。そこで、これらの連想から「現代も辰ノ島に住む神の使いの妖怪"龍宮あぶくまる"」というアイデアが生まれまし

た。

▽彼はナニモノ？
壱岐辰ノ島の海中で暮らす"妖怪"で、海神の使徒の命を帯びている。
何万年も生きているが、年齢は永遠の3歳で、お気に入りのよだれか
けをいつも身に着けている。

海神の指示で、壱岐の海の平和を守るのが仕事で、海が時化た時は凪に変
えたり、船が遭難した時には尻尾を光らせて灯台替わりをしたりする。

普段は辰ノ島の浅瀬の岩場の穴の中で暮らしており、普段は壱岐の周りを
パトロールするのが日課。海の生き物たちとは仲良しで、島に祀られてい
る神様と懇意。

▽パーソナリティ
見た目は怖そうだが、元気で人懐こく、おっちょこちょいな面もある。

いたずら好きで、子供が海辺で危ない動きをしていると驚かしたり、釣り
人の針に長靴などの海のごみをひっかけたりすることもある。

浅瀬のうねりのようにいつも髪や尻尾から飛沫がブクブクと飛んでいて、
興奮した時は、髪が大きく逆立ち、ブクブクの量も増す。

「龍宮あぶくまる」
（画：須田正己）

• ネーミング：「壱岐島 あぶくまる」

　ネーミングはキャラクターの名前そのものの「あぶくまる」をお酒のネーミングとして採用し「壱岐島 あぶくまる」としました。あぶくまるのイラストのみをパッケージデザインに活用し、ネーミングは違うものにすることも考えられましたが、「龍宮あぶくまる」のデビュー商品であることや、須田さんの未発表イラストであるというニュース性などから、情報を「あぶくまる」という言葉に集中させるためにお酒のネーミングも「あぶくまる」で行くことが決まりました。

　パッケージデザインは、開発チームにデザイナーがいなかったことと、須田さんのイラストを最大限に活用するためにもプロの手でデザインしてもらった方が良いという判断で、プロのデザイナーに依頼をしました。

　但し、私たち開発チームでデザイン発注前に決めたことがふたつあります。

　それは、ボトルの形状と色です。

- ボトルは、ウィスキーなどに使われる、筒形の肩のあるボトル
- 色は「辰ノ島周辺の海の色＝壱岐グリーン」

　焼酎のボトル形状の多くは、透明か茶色い、日本酒でも主流である円錐形のなで肩のものが大半でした。ですが、開発する焼酎はウィスキーを炭酸で割りハイボールで飲む今どきの人たち向けですので、ボトル形状は肩のあるものにしました。ボトルメーカーが提供できる多数のボトルから肩があり、シンプルでスタイリッシュなボトルを選びました。

　そして、開発プロジェクトのオーナーが何よりもこだわったのがボトルの色です。日本海に浮かぶ壱岐島は海の水が非常にきれいで、しかも土壌の影響か独特の美しいエメラルドグリーンです。通称「壱岐グリーン」と言われる、美しいグリーンを再現するために、実際の海の色と、色見本を何種類も見比べボトルに色を付けるようにしました。

- ラベルのデザインは、プロのデザイナーを起用
- 若い人が「パケ買い」するような、個性的でおしゃれなデザイン
- 「龍宮あぶくまる」が辰ノ島の海中に住む世界観を表現

　ボトルの形状と色までを開発チームのこだわりで決定し、デザイナーへパッケージデザインのオリエンテーションを実施、約4か月の間に3回の提案を経てデザインが決定しました。

　オリエンテーションには、開発スタンスやあぶくまるのキャラクター設定や須田さんイラストが採用されるまでの経緯、壱岐辰ノ島の自然や文化、歴史などの開発背景を説明しデザインをスタートしてもらいました。3回にわたったデザイナーからの提案では、1回目は幅広い方向性の複数案を提案してもらい開発チームのイメージと意見交換して方向性を絞り、2回目は絞り込んだ方向性の範囲内でさらに複数の案を提案してもらってさらに絞り込み、最終3回目では最終的に1つに決めた方向性のものでロゴの色やサイズ、キャラクターや背景のサイズや配置など細かいところを修正して決定へ

と進めていきました。

　こうして、若い人をターゲットに、アニメ好きにも喜んでもらえそうな、他の壱岐の麦焼酎と比べてみても一目で違って見えるデザインが完成しました。

　一見、麦焼酎に見えないデザインでしたが、そこは開発オーナーからのOKが出たことで、勇気を持って個性的なデザインを開発できました。

【壱岐島あぶくまる：パッケージデザインオリエンシート（一部）】

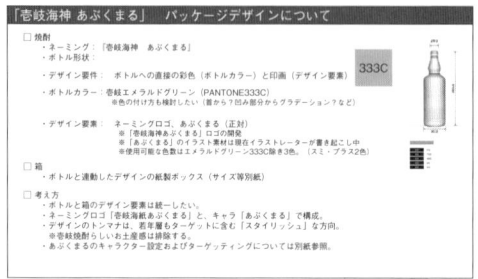

⑤「プラスアイデア」で魅力アップ

- 炭酸で割って飲むのにぴったり、あぶくまるタンブラーの開発
- お酒に限らず、看板やグッズなど、壱岐勝本エリアを盛り上げるキャラクターとして独自展開

　麦焼酎「あぶくまる」と一緒に、あぶくまるを美味しく飲んでもらうために、あぶくまるデザインのタンブラーを開発しました。壱岐に限らず、九州の焼酎文化が強い場所では、焼酎を飲むのもロックグラスが主流のところが多くあります。炭酸割りもロックグラスに焼酎と氷と炭酸水を入れて出すお店も少なくありません。ロックグラスは容量が小さいため、炭酸水の量が少なくかなり濃い目の炭酸割りができあがります。それだと若い人が大ぶりのタンブラーで焼酎：炭酸を１：３程度で割っている飲み方に合いません。そこで、今どきの炭酸割りができるサイズのグラスを同時販売することにしま

した。あぶくまるタンブラーの狙いは、美味しく焼酎あぶくまるを飲んでもらうことと、飲み終わった後もタンブラーが家庭に置き続けてもらうことです。

　また、キャラクターとしての「龍宮あぶくまる」は、海神が発信するキャラクターとして、お店の看板や、Ｔシャツや缶バッジ、キーホルダーなどのグッズとしても商品展開することで、このプロジェクトのふるさとである壱岐勝本エリアの活性化につなげていくことを目指しています。

3-10 | 完成したら、次はデビューへ

どうですか？　素敵な商品やサービスができましたか？

とはいえ、100％の完成度の商品開発というのはなかなか難しいものです。大抵のプロジェクトには納期があるので、どこかのタイミングでゴールしなくてはいけませんが、もしもみなさんにまだ時間があるのでしたら、ステップ①〜⑤を何度も行ったり来たりしてみてください。完成するまではいい意味で「悪あがき」をして、どこかに立ち戻って修正したりやり直したりすることも重要です。

また、完成間際になってから新しいアイデアに出会ったり、競合やターゲットに想定外のことが起きたりすることも良くあることです。基本的には、想定外のことが起きたときに右往左往せず、どっしりとこれまで進めてきた筋を通すのが一番です。とはいえ、あまり頑固になり過ぎず、想定外の出来事をプラスに変える判断もときには必要です。最終的には「ビジョン」の実現に最もふさわしい道を、コストや納期と相談しながら決めていくしかありません。

市場によっては先行するライバルがやり尽くしたような気がする原石も多いと思います。先ほど事例でお話した「壱岐島あぶくまる」も、伝統ある壱岐の麦焼酎カテゴリーには実に様々な商品があり、最初はもう新しいアイデアなんて出ないのではないかと感じてしまいましたが、ふるさと分析やターゲット分析をしていくことで、新しいアイデアにたどり着くことができました。一見やり尽くされたようでも、決してそんなことはありません。ぜひ「楽しく悩み」ながら、ふるさとの未来を明るくする、素適な商品やサービスを開発してください。

　商品やサービスは完成しただけでは、まだ市場（マーケット）に出ていません。

　スポーツに例えれば、大会参加のための選手登録が済んだ段階です。つまり、道具が揃い、技術を習得し、ルールを覚えたもののまだ試合には出場していない段階です。この後に待っている「ゲーム（試合）」に出場して初めて、勝敗が決し周囲に実力が認められます。

　次の第4章では、いよいよ「デビュー」についてのお話です。

　みなさんが想いを込め、考えに考え、ときに仲間の力を借りながらできあがった商品やサービスが、お客さまに受け入れられ、市場で人気者になるための作戦立案をするフェイズに移行します。

用語解説・参考文献

a　Weblio国語辞典　https://www.weblio.jp/

b　特許情報プラットフォーム「J-Plat Pat」https://www.j-platpat.inpit.go.jp/

c　特許庁HP「すっきりわかる知的財産権」https://www.jpo.go.jp/system/basic/index.html

d　『偉人の格言から学ぶ勝利の方程式シリーズ　トーマスエジソンの「ビジネスと人生を逆転させる魔法の名言集」』Al-Biz 出版

e　井上雄彦「SLAM DUNK」集英社

f　別冊「戸隠そばどころ」マップ
　　https://www.s-togakushi.com/togakushi/mame/sobadokoro.html

g　信州戸隠山御門前 蕎麦処うずら家HP　https://uzuraya.nagano.jp/

h　海神土産店HP　https://watatumi.co.jp/

i　玄海酒造株式会社HP　https://www.mugishochu-iki.com/

j　壱岐市HP　統計データ集「7-2.観光客数・消費額（年別）」
　　https://www.city.iki.nagasaki.jp/soshiki/seisaku_kikakuka/toukeizyouhou/3207.html

CASE2　ターゲットを絞り、コンセプトと見せ方でイメージ転換をはかる「ニュー・ウエダ」

　地域おこし、地域活性化、魅力開発、稼ぐ力、地域創生で求められることには、意外にお金も労力もかかります。そこで、観光資源の「再編集」というやり方で魅力づくりをする事例をご紹介します。

　長野県上田市は、上田城で知られる城下町。街の中にそこかしこにみられる歴史の跡。そして、蚕都であったことから多種多様な文化が取り入れられています。このような歴史ある良い街は、ふるきよきものを大事にすることと、新しいものが入り混じっています。古いものの良さ、残したいもの、それぞれ長く住んでいる人の想いもあるからです。そこで、観光資源を考えたときに、何を残し、何を新しくするかを「決める」ことはとても難しいことです。若い人にも来てもらいたい、でも新しいものを創ると、人口減少の昨今、持続可能視点で課題が残ります。場のリノベーションも安全面では必要ですが、お金もかかり、時代のトレンドに左右されがちです。そのままが好きと言ってくれる常連客もいる。

　では、どうするか。

　その中で、若い人が関心をもつ観光資源の開発として、「再編集」を行いました。街をある「テーマ」で再編集してみるのです。長野県上田市では昔からある個性的なお店が多く点在していました。そこを「昭和レトロ」目線で、街を見渡し、切り取り方を変えてみると、新しいコンテンツの姿が浮かび上がってきました。今の価値観に合わせ再編集し生まれた、新しい観光コンテンツ、それが「ニュー・ウエダ」です。

　歴史ある街の観光客の若返りを狙い、Z世代に人気の昭和レトロをテーマにしました。東京の価値観のトレンドを、地方の観光テーマに持ってくると「本物」があり、とても良いコンテンツになります。「ニュー・ウエダ」では、昭和レトロ視点で街を見渡したときに昭和から変わっていないであろう

「看板」「シャッターの絵」が見えてきました。

　地元の人が「来訪者が好きだろう」と思うお店と、実際に来訪者が良いと思うお店は違うことが多いです。ニュー・ウエダで取り上げたお店は、東京の若い人たちに選んでもらいました。地元の人は、都会の人はもっとおしゃれでキレイな店が好きだと思いがちですが、実際は地元の普通が東京の人には新しいと感じることも多いものです。

　早稲田大学のレトロ研究会に街を見てもらったとき、学生たちが撮っていた写真には、昭和からそのままであっただろう看板のフォント、模様ガラス、照明など、街の人が日常となり、気づかない魅力あふれる「昭和レトロ」にあふれていました。かつて、ゲームセンターにあったゲーム台を机にした喫茶レストラン、古着とレコードにあふれたカオスなお店、娯楽の拠点として、100年以上の歴史をもつ映画館。それぞれが変わらず大切にしてきた想いが時を経て、新たな魅力をみせています。

　既に街にあるものを観光資源とし、「街の見せ方」に工夫をし、たくさんのお金をかけずに新たなコンテンツとして紹介し、イメージ転換をはかるという作戦で、来訪者へのアピールをしました。

　地元出身のモデルを起用し、インパクトのあるファッションで、昔からあるお店を背景に写真を撮り、個性的なコピーを配したポスターや広告を制作。東京の若い人に関心を持ってもらうために、東京の電車内で広告を行い、SNSで発信。昭和レトロな「ニュー・ウエダ」というロゴを開発し、グッズをつくりました。結果、広告を見て東京からわざわざお店を訪ねてくる若者が増えました。

　観光のターゲットは「オールターゲット」ではありますが、新しいことを始めるときは、誰の心に深くささることを狙うか、その人のどういう価値観に訴えるか、という点を整理することで、「どんな広告にしたらよいか」「どんな言葉で伝えるか」「どこで伝えるか」「どんなグッズをつくったらよいか」などが明らかになっていきます。

ニュー・ウエダ広告（交通広告ポスター）

信州上田観光協会での紹介ポスター

ニュー・ウエダグッズ

第4章 世の中へ、デビュー！

お客さまが喜んでくださることを目指して、ここまで丹念に磨いてきたみなさんの商品やサービス。

　いよいよ世の中にデビューさせるときが近づいてきました。

　最高のデビューをするには、どんな準備をしていけばいいのか、この章では考えていきます。

今度こそ自信作。
でも、デビューって
どうすればいいの？

それには
コツがあるのよ

この章の視点
4-1 | 商品・サービスを市場にデビューさせるには

あなたの商品・サービスの "デビュー作戦"を考える

　みなさんが想いを込め考えに考え、ついに商品・サービスは完成しました。

　この章は、その商品・サービスの市場への"デビュー"についてのお話です。

　みなさんの商品・サービスを世の中にデビューさせていくための方針の立て方のポイントについて述べていきます。

　その準備を"デビュー作戦"と呼ぶことにして、話を進めていきましょう。

　私もみなさんのプロジェクトチームに参加させていただいたという設定で、みなさんと同じテーブルの端から、各状況やプロセスにあわせて「これはどう考えますか？」「こう考えるとどうでしょうか」「具体的に考えるとどうなりますか」というような質問をして、議論を深めていきたいと思います。

　この章は、みなさんの商品・サービスの市場導入時期に、お客さまの意識や実際行動の変化を起こすことを最終目的とします。

　お客さまの変化は3つの視点でとらえます。

　（1）お客さまにまず知ってもらう

（2）お客さまに、魅力や期待を感じてもらう

（3）お客さまに1度選んでいただく

3つの視点で、お客さまの気持ち、行動に変化を起こすことを目的に、どんな作戦をつくっていくのがいいか考えていきます。

基本を押さえた議論を進めることで、土台のしっかりした情報発信（広報PR、広告、販売促進）の構想をつくっていくことができます。

4-2 | デビュー作戦づくりの出発点

地域生まれの商品・サービスの共通課題

地域の商品開発やマーケティングの様々なお話をお聞きすると、みなさんが共通の課題やお悩みをお持ちであることに気づきました。

- 商品・サービスの特徴・個性をうまく見つけられない

  商品・サービスに地名さえ変えてつければ成り立つような、似たり寄ったりのモノになりがちになる。

- 限られた費用、制限のある費用

  情報発信、販売促進の費用が限られている。

- 取り組む人員の不足

  この取り組みに携われる人の人数が少ない。なかなか増員されない。慢性的な人材不足とスキル不足。

- 安定感に不安のある商品・サービス供給体制

  生産者や協力者もそれほど多くはないので、供給体制が盤石とは言いにくい。何か起こるとすぐに供給が滞る可能性がある。

- 新しいメンバー加入時に今までうまくやってきたこと、目指してきたことが継承しにくい

  人事異動によりメンバーが次々と変わり、その影響で取り組みが減速する。メンバーの中の共通理解を維持するのが難しい。

- よき理解者や支援者がなかなか増やせない

  自分の意思がなかなか周囲（上司、他の部門）に思うように伝わらない。構想に納得してくれない人、協力的でない人がいる。

協力者を思うように増やすことができず、いまひとつ推進力が高まらない。盛り上がらない。

このような課題や悩みを解決していくには、どう取り組んでいけばいいのでしょうか。この課題や悩みを意識しながらデビュー作戦づくりを考えていきましょう。

図1　地域生まれの商品・サービスが抱える共通の課題

安定感に不安のある
商品・サービス供給

継承しにくい環境

理解者や支援者が
思うように増えない

商品・サービスの
特徴・個性をうまく
見つけられない

限られた費用
制限のある費用

取り組む人員の
不足

4-3 | "デビュー作戦"の全体像

　"デビュー作戦"の真ん中に来る商品・サービスをはじめにとらえてみましょう。

　商品やサービスが生まれてきた背景・事情や制約条件はそれぞれ異なります。実際に売りたいものも違います。商品（パッケージや袋に入っている商品）であることもあるし、サービス（体験すること自体が商品）であったりすることもあるでしょう。さらに、商品とサービスが組み合わさった複合型のものもあるでしょう。

　売る場所やその販売方法も様々。販売の場所も、地元がメインだったり、他の地域を広く対象にすることもあります。

　また、商品を企画開発し推進していく体制も異なります。企業が自らの判断で推進していくこともありますし、自治体が強力に後押ししてくれることもあります。

　背景、制約条件、事情、販売場所、販売方法、販売対象の地域、支援の有無など、たくさんの要素がある中で、みなさんの商品・サービスの市場デビュー・販売に結びついていく道筋、市場の消費者が反応してくれる道筋を探します。

　どんなに要件が組み合わさって複雑な状況でも、商品・サービスを市場にデビューさせていくために押さえるべき基本は同じです。

商品・サービスの"デビュー作戦"をつくる

　商品・サービスを市場にデビューさせていくための押さえるべきポイントとはどんなことでしょうか。

商品・サービスの市場デビューとは、まず世の中の多くの人に知っていただくこと、次に、その商品・サービスの個性や内容に関心を持っていただくことです。そして、お客さま自身が自分に合いそう、さらに友達や家族も喜びそう、一度試してみたい、自分の生活にあるといいなぁという、その人それぞれにあった良質なイメージを持っていただくことで、はじめての選択、購入の行動につながっていきます。

　今はまだ"お客さま候補"であるみなさんに、どのような情報やメッセージを届ければ、本当のお客さまになっていただけるのでしょうか。そのためにどこから手を付けていくか。

　"デビュー作戦"は、2つの関与者のコンセンサスをつくることに役立ちます。

　自分のチームの商品・サービスの市場デビューを成功させるには、まず関与するみなさんのチームの意思、方針を明確にして共有できること。一番中心になる推進のコアメンバーが同じ意識を持つためにつくります。

　次に、みなさんのチームの意思や方針を、生産者、販売場所の方、広報PRに関与する方々、協力いただけるみなさんに正確に伝えることです。彼らはみなさんのプロジェクトの支持者、応援団であり、みなさんが目指すことを正しく理解いただき、賛同いただければ、そこを指針に、メンバーの経験やスキルを発揮してもらうこともできます。

　前の章で取り上げたいくつかの事例は、共通して各要素がしっかり議論されています。これらの事例に共通しているのは、その商品・サービスの作戦が事前によく練りこまれていて、明確な方針を拠り所に実効性のあるプランにつながっていることです。

　商品・サービスのデビュー作戦は、"1年後に目指す状態＝目標"、大事にする基本的考え方、発信する情報の内容、情報発信していく方法といった要所を押さえた構想を1枚の紙にまとめあげたものをイメージしてください。

その1枚にまとめられた"デビュー作戦"はどんな構造でつくっていけばよいのか述べていきます。

その"デビュー作戦"は、5つの要素で組み立てていきます。

1）1年後の姿（≒目標）

2）販売場所×ターゲットにするお客さま（WHO）

3）何を伝えるか（WHAT）／どう表現して伝えるか（HOW）

4）どんな方法で伝えるか

5）みなさんの志・挑戦

これらの商品・サービスの"デビュー作戦"は誰にもわかりやすく簡潔にまとめます。関与する誰もが理解できるわかりやすい戦略の設計図と言い換えることもできます。

これらの要素を1つずつ丁寧に考えて、そして各要素のつながりを考えることで、明確な作戦がつくられていきます。

出来上がった"デビュー作戦"は、関与するメンバー全員が、いつも拠り所になれば理想的です。すべての議論の出発点になり、途中で向き合う様々な課題をどう対応するかの判断基準になります。また、限りのある予算を的確に配分する際の基準としても使っていきます。途中でいろいろ悩んだり迷ったり、混乱しても、本当に必要なのか、判断するときに基準にもできます。

プロセスが進む中で、たくさんの新しいアイデアが出てくるでしょう。そのアイデアが目標達成に適したものかどうか、本当に必要でやらなければいけないものかどうかを判断するときの基準にも使います。判断する時に、迷ったときに、うまくいかないときに常に立ち戻る所にもなります

デビュー作戦づくりの３ステップ

"デビュー作戦"づくりは次の３つのステップで進めていきます。

[第１ステップ] 思いつくことを徹底的に書き出す

効果を上げるためにどんなことをやるべきかをその項目に沿って、まずは、思いつくままにどんどん書き出していきます。

[第２ステップ] 磨き上げ

書き出した項目を、類似した情報をグルーピングしてまとめていきます。他の項目に入る情報や考えと照らし合わせ、互いに矛盾がないか、整合性がとれているかに注意をして、考えを磨いていきます。

みなさんの商品・サービスを市場にデビューさせていくための考え・方針が、はっきりと見えてくるぐらいにまで組み立ててきます。

[第３ステップ] 点検、再点検

次に、このような点検をしてみましょう。

　　[どんな志を持って] [どんな状態を目指し]

　　[どんなお客さまに] [どんなことを] [どんな方法で伝え]

　　[お客さまにどんな行動を起こしてもらうか]

　　[その効果はどんな効果を測る尺度で測っていくか]

まだ明確でないこれから進む方針が納得できるものになるまで、第１ステップ、第２ステップへの行ったり来たりを丁寧に繰り返して磨きあげていきます。明快な方針、みなさんが納得できるものになれば出来上がりです。

この時点で出来上がった"デビュー作戦"は完璧である必要はありません。自己採点"75点"ぐらいの出来で充分。

残る"25点"分は、"デビュー作戦"を実行するプロセスの中で、状況に合わせて柔軟に軌道修正を加えたり、新たなアイデアを加えることで、よりよい効果につながるものにしていきます。

"１年後に目指す状態＝目標"を達成するために、まず、どこで売ることができるか、その販売場所に来るお客さまがどんな人たちかを考えます。そし

て、そのお客さまに興味、関心を持って試していただくには、どのようなことをどんな具体的な方法で伝えていくかを考えていきます。

　最後に、みなさんの熱意・決意・どんなチャレンジをするか　を加えて、"デビュー作戦"が完成します。

　それでは次節から、"デビュー作戦"を構成する要素５点について、もう少し詳しく説明をしていきます。

図２　デビュー作戦の全体像

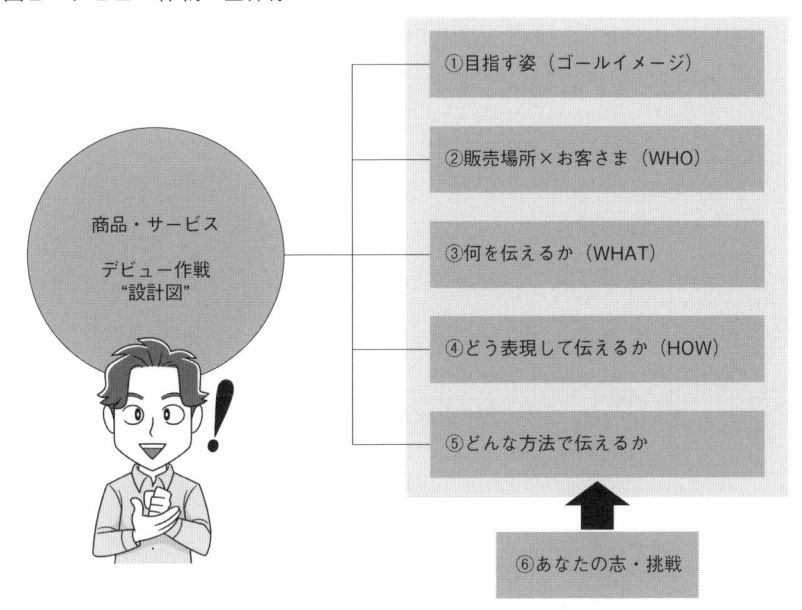

商品・サービス

デビュー作戦
"設計図"

①目指す姿（ゴールイメージ）

②販売場所×お客さま（WHO）

③何を伝えるか（WHAT）

④どう表現して伝えるか（HOW）

⑤どんな方法で伝えるか

⑥あなたの志・挑戦

（1）デビュー作戦で、1年後に目指す状態＝目標を明らかにする

　みなさんのチームが、商品・サービスのデビュー作戦を通して、何を成し遂げたいかを考えていきます。商品・サービスを世の中にデビューさせ、みなさんのチームはどのような成功を収めていますか。

　これから登っていこうとする山の頂だとイメージするとわかりやすいと思います。

　まず、市場へのデビューのための"1年後に目指す状態＝目標"を定めていきます。これは1年後の目標を可能な限り数字に落とし込んだものがよいでしょう。

- 1年後、商品・サービスをどれぐらいの取り扱いにしたいか
- お客さまの1回の購入で、どれぐらいの金額を使っていただくか
- お客さまの1回の購入で、何個ぐらい買っていただくか

　このようなことも数字にして考えてみましょう。加えて、数字以外にも1年後の目標のイメージを膨らませます。

　ゴールのイメージをよりはっきり持てるよう、5つの質問を用意しました。

　質問1　この商品・サービスを1年後にどうしたいですか

　質問2　どんな販売場所で売れていますか

　質問3　その販売場所ではどんな評価や評判を得て、
　　　　　どんな状態になっていたいですか

　質問4　お客さまにはどのように買ってほしいですか
　　　　　（まずは1回め、はじめての購入？　リピート購入（再び購入）？　まとめ買い？　贈答品として？　など）

　質問5　そのお客さまではどんな評価を得て、

どんな状態になっていただきたいですか

　質問1は思いつくままに、成功のイメージを自由に書き出しましょう。
　質問2と質問3は、販売視点からの質問です。販売場所に関する1年後の
イメージを聞く質問です。
　質問4と質問5は、お客さま視点。1年後、お客さまにどうなってほしい
か、その状態についての質問です。
　このような質問から、みなさんが"1年後に目指す状態＝目標"を鮮明にし
ていきましょう。

　仕上げに、ここで出てきた質問の回答を組み合わせて、1つの宣言文にま
とめていきます。

1年後、デビュー作戦が完了したとき、
「●●●●は、この商品・サービスを、このような状態にする！」

さらにブレークダウンします。
次の販売場所とお客さまでの目指す状態を2つの視点でとらえます。
（1）販売の視点からの"1年後に目指す状態＝目標"
　　　「●●●●はこの商品・サービスを、1年後は、販売場所ではこ
　　　のような状態にする！」
（2）お客さまの視点からの"1年後に目指す状態＝目標"
　　　「●●●●はこの商品・サービスを、1年後は、お客さまにとっ
　　　てこのような状態にする！」

　宣言文も同じ構造で（1）はチャネルマーケティング（販売ルート向け）、
（2）がコンシューママーケティング（お客さま向け）の視点でとらえてい
ます。

図3　デビュー作戦　"1年後に目指す状態＝目標"（ゴールイメージ）

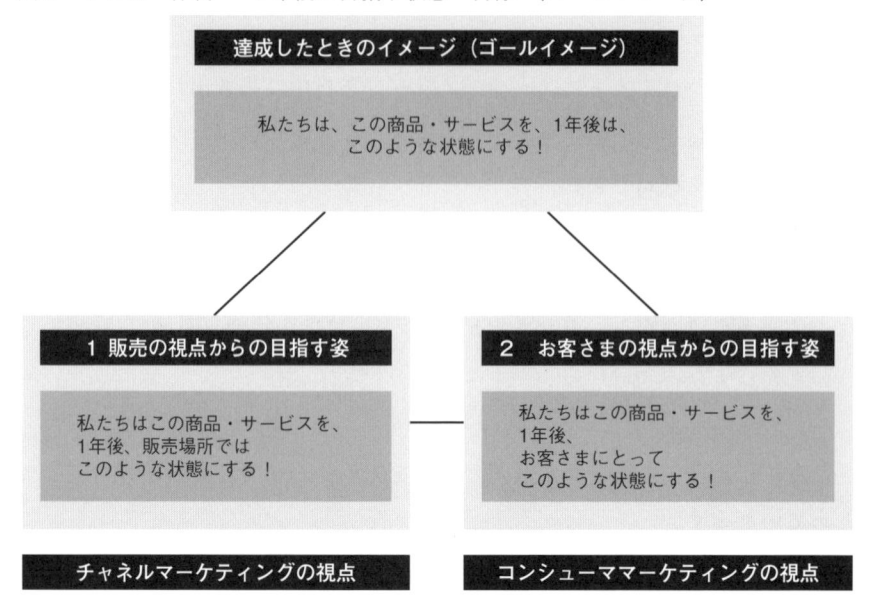

宣言文を、さらに数字に置き換え、さらにゴールのイメージを掘り下げるために、追加質問を3つ用意しました。

　質問6　売上がどれぐらいになっていますか（総売上）

　質問7　何個（何箱）売れていますか（販売個数）

　質問8　商品が置かれた店の数（店舗の合計）はどれぐらいになっていますか

後半の質問6－8では、イメージする具体的な数字を聞いています。どんな数字が出てきましたか。

　ことば（宣言文）と数字を組み合わせることで"1年後に目指す状態＝目標"がよりリアルにとらえられるようになります。

　少し挑戦的な"1年後に目指す状態＝目標"を描いてみましょう。今できることの20％増しぐらいで考えるのが良いと思います。その後進めていく中で、掲げた目標数字が変わってきてもかまいません。少し欲張りな"1年後

に目指す状態＝目標”を掲げれば、それがきっかけとなり、新しいアイデア
や工夫が生まれる機会を増やすことにつながります。

　このゴールイメージは、みなさんのチームが今から登ろうとする山の頂の
ようなもの。このゴールイメージが、関与するみなさんの共通の“1年後に
目指す状態＝目標”となり、その共通の目的地に向かうチームの結束をつく
ります。そして、様々な人の共感と協力を得て大きな力になっていくので
す。

　“1年後に目指す状態＝目標”の数値化は、この章の後半の節「作戦の進捗
は、数字でつかむ（“デビュー作戦”の成果を測る方法）」とも関係がありま
す。“1年後に目指す状態＝目標”の数値が入口とすると、あらかじめ決めた
尺度で成果を測ることは出口で、1つのセットと考えるとよいでしょう。

図4　“1年後に目指す状態＝目標”　8の質問

	NO	質　問（考える視点）	あなたのイメージ
イメージで考える	1	この商品・サービスを 1年後にどうしたいですか	
	2	どんな販売場所で 売れていますか	
	3	その販売場所では どんな評価や評判を得て、 どんな状態になっていたいですか	
	4	お客さまには どのように買ってほしいですか	
	5	そのお客さまでは どんな評価を得て、 どんな状態になっていただきたい ですか	
数字で考える	6	売上がどれぐらいですか （すべての総売上）	
	7	何個（何箱）売れていますか （選んでいただいた回数）	
	8	いくつの店に置かれていますか （商品・サービスが並ぶ店舗数）	

（2）ターゲットにするお客さま(WHO)を　販売場所と組み合わせて考える

　商品・サービスを成功させるには、多くのお客さまに受け入れてもらわなければなりません。

　そのため、みなさんの商品・サービスのよさを伝えていきたい、買っていただきたいお客さまはどのような人か、いくつかの視点からイメージを深めていきましょう。

　商品・サービスの市場デビューのときには、まずお客さまの数を増やすことが大切になります。

　興味関心をつくり好意的に商品・サービスの選択をしていただき、販売拡大への初速につなげていきます。

　多くのお客さまに関心を持っていただき、検討してもらう機会をどうやって増やすか。ここがはじめの関門になります。

　お客さまの数を増やす方法としての考え方は大きく分けて２つあります。

　１つは一気に広く情報を拡散して、広く知っていただき、お客さまの行動を促していく方法。

　なるべく多くのメディアに取り上げてもらう機会をつくり、人の目につくところでも多くの情報発信をしていきます。

　大きな海に網を投げるようなイメージでしょうか。あまりお客さまを絞ることなく、なるべく広く多くのお客さまに情報を発信し、お客さまを見つけていく方法です。情報の発信に各種のメディアを活用することが多くなるので、一定レベルの費用も必要になります。

　２つめは、特定のテーマについての同じ嗜好を持つ人たちのコミュニティを牽引するリーダー的なお客さまの支持を得て、順次その評価をすそ野にじ

わじわ拡げていく方法です。同じ嗜好や趣味・関心の人がSNSでつながっている今、SNSでの情報の共有が、みなさんの商品・サービスを伝える有効な手段になります。こちらは情報発信の主体がお客さまになるので、どれほどの情報発信がされるかは正確には予想できませんが、内容の濃い情報拡散が進む期待もできます。

　みなさんがこのSNSのコミュニティと日頃から密接に交流があれば、好意的に情報を受け入れられる有効な方法になるでしょう。

　お客さまの開発の手順は、商品・サービスの内容や、かけられる費用、メンバーの経験・スキルなどと照らし合わせて選んでいくことが必要となります。

　それでは、ここからは、商品・サービスのお客さまをリアルに想像するための3つの視点で考えていきましょう。次の3つの視点から想像すると、ターゲットにしたいお客さまのイメージをよりはっきりとらえることができます。
（1）販売場所からお客さまを想像する
（2）商品・サービスとお客さまの行動の関係を想像する
（3）お客さまの来る地域から想像する

図5　お客さまを３つの視点で想像する

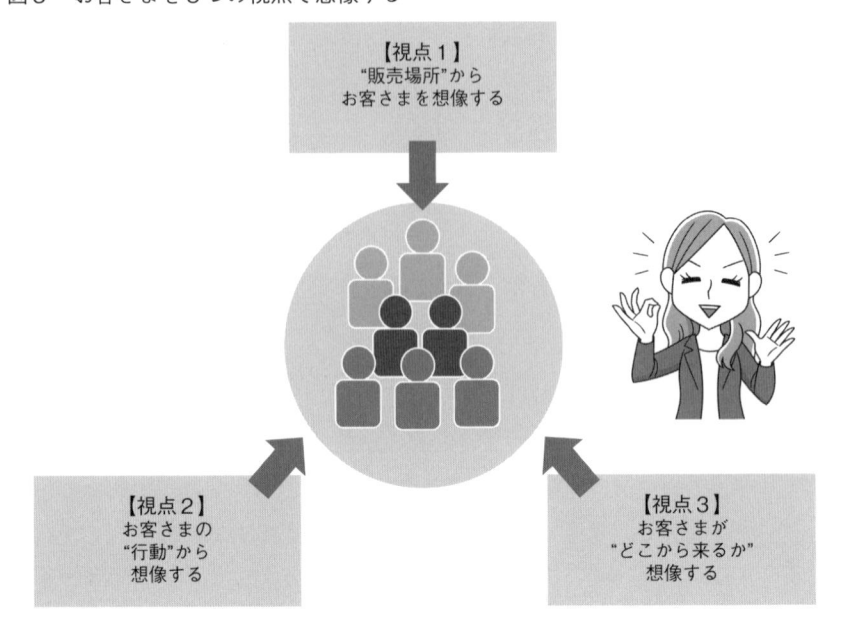

視点１：販売場所に来るお客さまを想像する

　地域発の商品・サービスを進める組織やチームは、大企業のような大規模な営業組織があるわけではありません。限られた人員での営業活動には限界があり、新しい販路を次々と開発していくことはなかなか難しいはずです。

　売れるところから売っていくのがはじめの一歩。そして、そこを起点に段階的にその売れる範囲を拡張していくのが得策です。こういった理由から、地域発の商品・サービスでは、まずどこで売るか、売ることができるか（販売場所）を考えます。そして、その販売場所にはどんなお客さまが来るかを考えていきます。

　地域生まれの商品・サービスの主な販売場所・方法は４つに分けられます。

　それぞれの場所に来るお客さまは、その特徴、意識、行動の仕方が違いま

す。どれにしようか、あれこれ迷うときに比較する商品・サービスも異なります。これらの前提となることを念頭に、販売場所それぞれの作戦を考えていきます。

　販売場所ごとに、お客さまの特徴を整理してみます。

- **地元のお土産屋さん／道の駅／自社の店舗**
  - その地域に関心や興味を持って訪れる
  - 多くの場合、1回の来訪
  - その地域の印象、思い出、脱日常、来た証拠を持ち帰りたい
  - 来てよかったという実感を商品・サービスに残したい
  - 人に差し上げると喜んでくれそうなものを見つけたい
  - いつもの生活の中にはないものが欲しい
- **地元以外の一般店舗（他の人の店舗、自社の販路）**
  - その地域に関心のある人がたまたまお店を見つけ入る
  - その地域の名産品や情報入手のために来る
  - あまり目的を持たずにふらっと来店
  - なにか、その地域らしいいいものはないか探す
  - いつもの店で、いつもと違う新しいもの発見したい
- **オンライン販売**
  - 不特定多数（場所は特定できない。どこからでも）
  - 全国どこからでも。いつでもどこでも誰でも
  - メディア、SNSでの情報への接触をきっかけにやってくる
  - 基本的に情報入手や購入検討を目的にしたHP来訪
  - パソコンが地域の情報にアクセスする入口に
- **ふるさと納税返礼品ルート**
  - 納税するなら、得もしたい。同時に楽しみたい
  - 納税額に対するリターン（お得感＆と新しさ）が大事
  - ふるさと納税の他商品・サービスとの厳しい比較検討

このように販売場所や販売方法ごとに、それぞれのお客さまの特徴を整理してみると、ずいぶんその意識や想定される行動が違っていることがわかります。

　実際には、複数の販売場所を組み合わせて販売していくこともあるでしょう。そのときは、それらの販売場所にきちんと優先順位をつけて、そこに来るお客さまを想像していくことが必要です。

　みなさんの商品・サービスはどのような販売場所で、どんなお客さまに向けてその良さを伝えていきたいですか。

図6　販売場所の分類

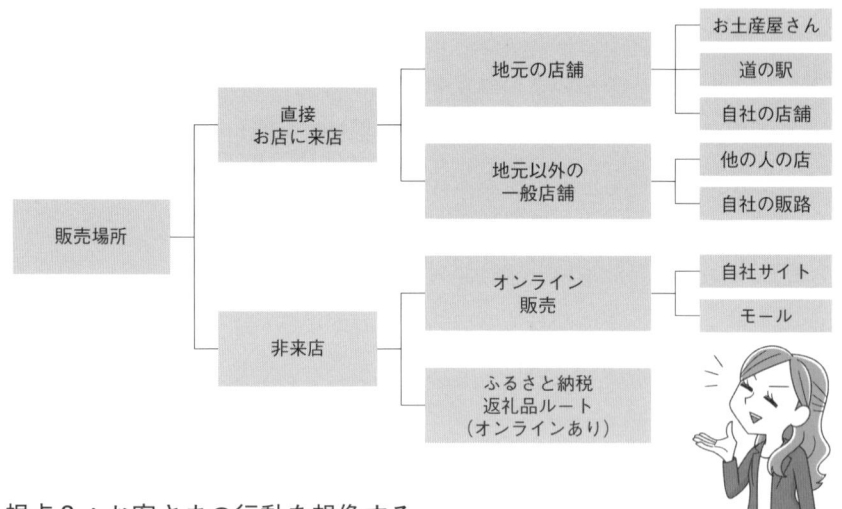

視点2：お客さまの行動を想像する

　"デビュー作戦"の最初の販売場所は、身近な地元のお土産屋さん／道の駅（地元）で始まることが多いでしょう。

　この章では"デビュー作戦"をお土産屋さん／道の駅（地元）を販売場所の一例にしてお客さまの行動を考えてみます。

　ふるさとに降り立ったお客さまが、どのように旅をするのか、その旅の道のりでどのように商品・サービスと接していくか、どのようにお土産屋さんの売場に立ち商品・サービスを手にすることにつながるか。みなさんも一緒

に想像してみてください。

【旅の行動を想像する】　お客さま、ふるさと駅（仮称）に降り立つ！

> 場面 1　もうすぐ旅行♪

　久しぶりの休日。間近になった旅のことを、**ネットやガイドブックで調べ**ます。口コミも注意深く見るでしょう。自分の行きたいところ、やりたいことをワクワクしながら探します。ネットでは複数の情報を探します。

> 場面 2　ふるさと駅に到着

　いよいよ当日。少し日常と違う刺激や新しいものと出会うことを楽しみに「ふるさと駅」にお客さまは降り立ちます。（マイカーで行くケースもありますが、今回は電車にして考えました）

　仲のいい友達と 3 人で降り立ちます。（家族と一緒のこともあるでしょう）

　駅に降り立つと、駅の中や周辺に様々な広告、陳列があります。そのふるさとの情報が一気に入ってきます。

> 場面 3　旅先の行動①

　行動しやすくするために、重い荷物を今日の宿泊先に預けようと考えます。

　駅には宿の送迎バスが来ていることもあるし、駅前からタクシーで向かうこともあります。地元をよく知るタクシーの運転手さんにあれこれ質問して情報を集めることもできます。**タクシーの中には、広告やパンフレットの設置スペース**があるかもしれません。

　荷物を宿泊先に預けて身軽になったお客さまは、時間があれば周辺を散歩して、土地の雰囲気を感じたりするでしょう。

　おなかが減ってくれば食事をしたくなります。その土地で特別なおいしいものがないか、探しますよね。

　さくっと、近くのお土産屋さんをのぞき、どんな土産があるか、見てみることもあるでしょう。少し**試食**などをするかもしれません。

　そのあとは、次の目的場所などをたくさん堪能。暗くなってくるころに

は、宿に向かいます。（もしかすると近くの飲食店や食事処、評判のレストランにいくかもしれません）その**お店にも情報**があるでしょう。

| 場面4　宿泊先で |

宿に帰って、お風呂に入りリラックスすると、いよいよ楽しい食事が待っています。地元のおいしい食材に加え、お酒も楽しめます。そのときに**食材やお酒などと接触する場面**が出てきます。

地元の食材、お酒などを楽しみながら、**宿の人と楽しい会話をすれば、さら詳しい地元の情報**が入ってきます。それは、地域の誇れる食材や、ぜひ行った方がいい場所、ちょっとした地域情報(ときにはその土地のストーリー)に及ぶでしょう。旅の期待も一気に膨らみます。

| 場面5　旅先の行動② |

次の日の朝再び動き出し、楽しみにしていた目的地を回ります。地元の雰囲気や体験を堪能し、数時間に1度は食事を楽しみます。ここでも**食材やお酒などと接触する場面**が出てきます。

| 場面6　お土産を何にしようか考える |

このような時間を過ごしながらいよいよ、自宅に帰る日になってしまいました。お土産をどうしようか、考えはじめます。誰に何を買っていくか、友達か、近所の人か、会社の同僚か、いろいろ想いをめぐらします。

そういえば、昨日の食事や試食や聞いたお話がよみがえってきます。

せっかくの楽しい思い出に自分自身へのお土産（ギフト）も買いたいと思うでしょう。自分の生活に合うもの、家の中に置きたいものを探すでしょう。こうしてお店で商品・サービスを手に取って、あれこれ吟味や比較、探索が始まります。

このようなことを思いながら、道の駅、お土産屋さんに入ります。いよいよ本気モードのお土産探しが始まります。改めて誰に何を買っていくか考えます。

友達、近所の人、会社の同僚…。お客さまは、**お店の棚に並ぶ、たくさんの生産品、お土産の前に**立ちます。

何にしようかな…うん!!　これいいな。これにしようか！　…

このような旅のプロセスの中で"ふるさと"でつくられた商品とお客さまは出会うのです。こう考えると、商品・サービスとお客さまが接触できるチャンスがたくさんあることに気づきます。

また、他の販売場所（例えば、比較的人口の多い都市にあるアンテナショップ、ECサイト、ふるさと納税サイトなど）で考えてみれば、また別のイメージが湧くはずです。

こんなこともよくあるでしょう。家に帰ったあと、食べてみたらおいしかった、家族や友達もとても喜んでくれた。このような体験があれば、再びサイトに訪れ注文してくださることもあるでしょう。テレビ番組や雑誌の特集、パソコンやSNSで偶然に見つけた情報に刺激されて、サイトにアクセスすることもあります。あるいは本当に現地に行きたくなるきっかけになることもあります。このようにそれぞれの販売場所が互いに影響することも意識しておきましょう。

この節では、商品（パッケージの商品）に絞って述べました。

その土地の陶芸体験とか工芸品づくりの体験、地域産業の体験、名所探検などのようなサービス型商品では、また違ったお客さまの心理や行動があるはずです。

このようなサービス型商品は、旅行前の事前情報と接触することが大事になります。旅先での行動に大きな影響を与えます。現地に行ったときにどんな行動をするのか、そのためにどこに行くのか、どんな楽しみ方をするか、具体的で楽しいイメージをどうお客さまにしてもらえるかを事前に想像してもらうことはとても大切です。

お客さまの行動を細部まで想像することで、どんなお客さまにどう向き合うか（どのタイミングで、どんなメッセージを、どんな方法で伝えていく

か）考えていくヒントに活用していきます。

　みなさんの商品・サービスは、どのようにお客さまと出会うのでしょうか。

視点3：お客さまがどこから来るかを想像する

　次は、そのお客さまを、どこから来るのか、どの販売場所にやってくるか
でとらえます。照準を合わせるお客さまは、地元から来ますか。近隣エリア
からですか。それとも遠くの地域から来ますか。

　対象とする地域を明確にすることは、実際の施策（方向、PR、プロモー
ション、サイト…）をどのエリアを対象に発信していくか考えていくためで
す。作戦の対象のエリアを絞っていくことは、限りある費用を効率的、効果
的に配分していくという点からも大事です。

　前節で、想定される主な販売場所として、

- 　地元のお土産屋さん、道の駅、自社の店舗
- 　地元以外の一般店舗（他の人の店舗、自社の店舗）
- 　オンライン販売（自社サイトやモール）
- 　ふるさと納税返礼品ルート

を挙げました。

　この4つの販売場所は、地元と地元以外や全国、来店型と非来店型に分け
られます。それぞれの販売場所を利用するお客さまの特徴、比較される商
品・サービス（競争相手）も異なります。同じ売り場で隣に並ぶもの、（パ
ソコンの画面上での）競争相手、サイト上で比較される商品・サービスも違

ってきます。

　近隣市町村、近隣県からくるお客さまを対象に行う直接対面型のプロモーションと、オンライン販売やふるさと納税などネットが主として全国を対象範囲（お客さまがやってくる場所を特定しない。全国区型）とする非対面型プロモーションではそのために準備することはずいぶん違ってきます。

　またリアルとネット関連施策の長所を組み合わせて、同時に取り組んでいくこともあるでしょう。

　これらをどのような優先順位でやるか、どんなバランスで組み合わせていくかを考えることも必要になります。

図7　それぞれの販売場所にくるお客さま

来店 非来店	販売場所	お客さまイメージ	
直接 お店に来店	地元の お土産屋さん 道の駅 自社の店舗		その地域に関心・興味あり 印象・思い出・来た証拠になるもの 来てよかった実感 脱日常 もらう人の笑顔
	地元以外の 一店舗		目的来店と目的ない偶然の来店 いつもと違うもの探し
非来店	オンライン 販売		不特定多数。全国どこからでも誰でも 他の情報に刺激されてアクセス パソコンが地域にアクセスする入口
	ふるさと納税 返礼品ルート （オンラインあり）		地域に貢献 税金は払うなら自分にもメリットがあるといい。 他の自治体（対象商品）と比較検討

図8　お客さまを想像するワークシート

お客さまを想像する質問	イメージをつくる
どの販売場所に来るか 　地元？地元以外？ネット？	
お客さまは どんな行動をとるか	
お客さまは どのエリアにいるか	
お客さまは どんなイメージの人たちか	
あなたの商品・サービスを お客さまはなぜ選ぶか	
どんな気持ちで 選んでほしいか	
お客さまの情報接触 　どんな情報の影響を受けるか 　情報は発信してくれるか	

図9　お客さまの想像（例）

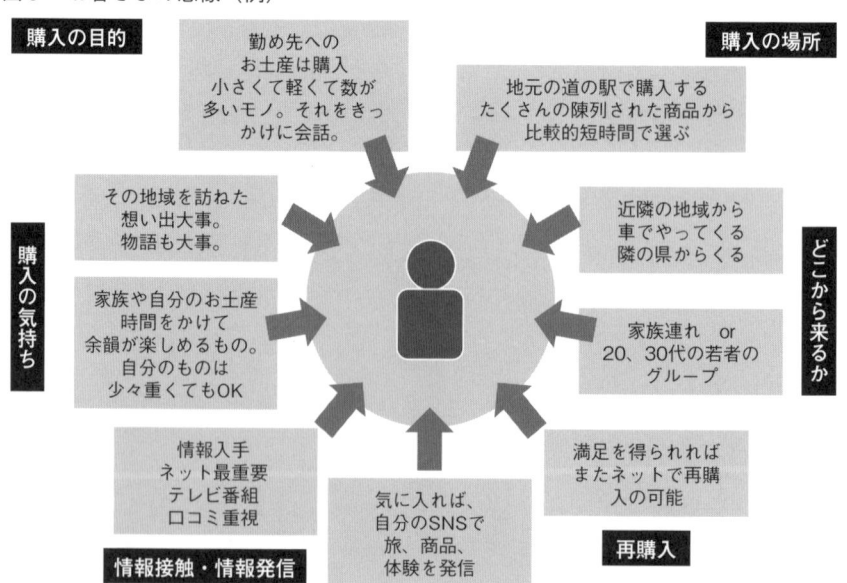

　お客さまイメージを①販売場所　②商品・サービスとお客さまの関係　③お客さまがどこからくるか　の３つの視点から考えてみました。

　みなさんの"デビュー作戦"の対象となるお客さまをイメージしやすくするためにワークシートをご用意しました。ご活用ください。

（３）何を伝えるか（WHAT）／
　　どう表現して伝えるか（HOW）

　次は、みなさんの商品・サービスのどんなところをお客さまにメッセージするか、伝えていくかを考えていきます。

　お客さまにどう伝えていくかは、２つに分けて考えていきます。

　１）何をいうか（What to say）

　２）どういうか（How to say）

　商品・サービスの特徴のうち、どれにスポットライトを当ててお客さまに伝えていくか。仮に複数の特徴があっても、お客さまを最も動かせるものを選択します。

　お客さまの好印象につながる商品・サービスの情報を受け取ってもらうために、どのような表現（ことばやビジュアル）を選ぶか、そして、お客さまへのメッセージをどんな方法で伝えていくかを考えていきます。

　いつもターゲットとするお客さまの行動や意識、ふさわしいタイミングを想定して、最も効果が上がるこの３つの要素の組み合わせを考えていきます。

図10　何を言うか、どういうか、どんな方法でいうか？

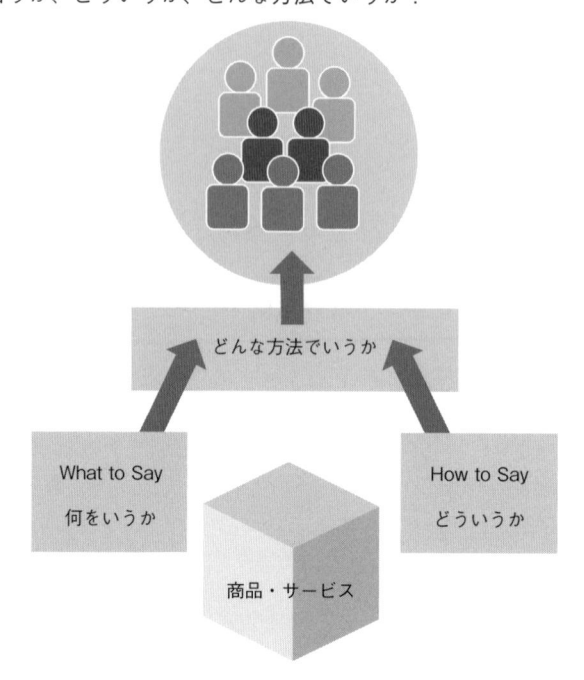

視点1：商品・サービスの何を強調していうか（What to say）

　商品・サービスの持つ特徴のうち、何にフォーカスしてアピールしていくか、何をいうかを決めていきます。

　そのときの留意点は3つあります。この視点から商品・サービスの持つ複数の情報から、発信していく情報を絞っています。

　　（1）お客さまが期待してくれることをいう。よい反応をしてくれそうなことを短い言葉でいう。

　　（2）競争相手となる商品サービスと比べて明らかに独自性や特性が伝わることをいう。

　　（3）タイミングやお得感、特別感を上手に付加していく。希少性や権威をうまく使うことも一方法。

　　（今、売れてます！　〇〇大人気！　新発売！　限定販売！　〇〇

賞受賞！）

視点2：商品・サービスをどう伝えていくのか（How to say）

　お客さまに、商品・サービスのよさ・価値をどのように表現して伝えていくのか、考えていきましょう。

　商品・サービス開発プロセスでは、様々な議論がなされ、様々なキーワードや文脈が生まれます。"1年後に目指す状態＝目標"に近づくために、掲げた目標を達成するために、そのキーワードのうちのいくつかを選択し、組み合わせてお客さまに伝えていけるメッセージを考えていきます。

　よりお客さまに良質な印象を残すには、次の4つの要素を組み合わせます。ことばによる表現と、映像（ビジュアル）による表現方法です。

　　　　1）短い言葉で第一印象をつくることば（キャッチコピー）

　　　　2）少し詳しく説明した説明文（ボディコピー）

　　　　3）商品情報詳細（お客さまが利用シーンを想像できる情報）

　　　　4）商品・サービスの世界観・品質感を伝えるビジュアル

　1）～3）がことばでの表現、4）が映像での表現です。

　これらをうまく組み合わせて、お客さまへの効果を最大にするメッセージをつくっていきます。

　これらを駆使して"お客さまが聞きたいこと""お客さまが好意的に受け入れてくれること"を考えていきます。

　お客さまに伝えていくことは、このような枠組みで整理してみましょう。

> （ふるさと・地域）の（商品名）
> この（商品名）は（特徴・個性・他と違う点）な商品・サービスです。
> その商品・サービスには、こんな（ストーリー）が詰まっています。
> （お客さまイメージ）なお客さまに（商品・サービスが与える満足）を
> 提供していきます。

第一印象は大切に！　お客さまの気持ちをつかむ重要な方法

　大企業の商品は、❶認知　→　❷興味・関心　→　❸探索・購入を意識した他の商品・サービスとの比較　→　❹トライアル（試しに買ってみる、使ってみるというお客さまの行動の変化を起こすことに時間をかけて確実に進めていくことが多いです。

　しかし、地域発の商品・サービスの訴求は非常に短いお客さまとの接触時間での勝負です。お客さまがお店にいるとき、また、パソコンと向き合う短い時間で、良質な第一印象を得られないと、せっかく用意したメッセージもお客さまに受け取ってもらうことはできません。

　良質な第一印象が突破口となり、お客さまはその商品・サービスに関心を持ち、さらに詳しい商品・サービスの内容、背景にあるストーリーなども初めて受け入れてくださるのです。

　そのため、商品・サービスの世界観を視覚的に伝え、好印象や期待をつくる質の高い映像表現（ビジュアル）は重要な役割を果たします。

　商品・サービスをお客さまに伝えるために、単なるスマートフォンやカメラで撮った写真を使えばいいということではありません。その商品・サービスの世界観や品質を、映像（写真）を通してどう伝えていくかを考えることこそが大切です。

　このような映像（写真）をつくることはなかなか難しく、この部分はプロに任せることも選択肢だと思います。プロは様々な経験とそれにより培われた視点からベストな映像がどうあるべきかを考えます。

　みなさんの役割は、掲げた“1年後に目指す状態＝目標”に向かって前進で

きる表現か、お客さまが受け入れ期待を持ってくれそうな表現かを、複数出された案の中から、的確な判断と選択をしていくことです。

商品・サービスの世界観を伝える"写真（ビジュアル）"の大切さ

商品・サービスの魅力を限られた短い時間でどう効果が上がるように表現するか。

様々な商品・サービスと比較するときにどれだけ良質で強い印象を残すか。お客さまと出会うその瞬間は、店頭の棚の前かもしれないし、ホームページの1ページかもしれません。

その限られた時間の中でどれだけ好印象を残すか、ここが勝負どころです。

印象に残すのは、コピーとキービジュアルで表現される、商品・サービスを象徴する映像・写真です。商品・サービスの個性をお客さまに一番届けたい情報になります。ことばと映像でつくった究極の情報は結晶のようなものです。

よい映像を選ぶポイントについて経験のあるクリエイターに話を聞きました。

実際にいくつもの地域発の商品・サービスの表現開発を行ってきたクリエイターが考える、選ぶべき表現はこのようなものです。

1）王道で行く。食品は食べたい。サービスなら体験したい。旅なら行きたい。直感でわかる表現を選ぶ。小手先でなく王道で！
2）事実を言う。少し背伸びするぐらいの表現にする
3）第一印象で心に残る表現を選ぶ
4）弱い表現にしない。他の商品・サービスの中に、埋もれない個性のある表現を選ぶ
5）品質の高い映像表現で商品・サービスの世界観を伝える

6）もっと、詳しくストーリーが知りたくなるような表現を選ぶ。ストーリーに誘い込める表現

7）これならいける！　と関与するメンバーが腹落ちする、納得する表現を選ぶ。信じて結束できる表現

7つの要件をきちんと満たす表現を開発するはなかなか難しいので、やはり外部の専門家（クリエイターや写真家）のプロの力を借りることをお勧めします。

また、クリエイターから提案される映像案に対して、みなさんが的確な判断をするためは、表現のベンチマーク（絶えず比較して基準）にする他の商品・サービスを見つけておくとよいでしょう。そのベンチマークと比較し、案として出てきた表現のレベルをチェックしていきます。

商品・サービスの個性を"ストーリー"で伝えること

商品・サービスは他の地域にも似たものがあることが多く、際立った印象に残すことも、なかなか難しいはずです。そのため、その商品・サービス固有のストーリーを見出して活用していくことが有効になります。ストーリーを使って、他の商品・サービスとの違いを鮮明にしていくのです。

ストーリーとは、その土地にある独自の事実と、みなさんの商品・サービスを結びつけることで化学反応して生み出される情報です。

ストーリーは、送り手本位でなく、お客さまが商品・サービスに関心を持っていただける、好意的に受け入れられるものでなければいけません。

地域にあるストーリーとは何か

それは、地域の伝説、逸話、言い伝え、語り継がれる出来事、人々の経験、苦労話、克服、他の地域に誇れること、自慢できること、今に受け継がれることなど様々なものが考えられます。ストーリーは、真実でなければい

けません。お客さまの購買行動につなげていくには、そのストーリーは、ポジティブで前向きであることも大事です。

　地元の住民にとっては普通の光景でしかないものやコトが、外の人から見ると、大変な驚きのある貴重なもの、新鮮なものであることもあります。このような価値のギャップは、実は大きなチャンス。見逃してはいけません。

　商品・サービスが生まれる地域には、それぞれにストーリーがあり、ここを磨いていくと個性がみがきやすくなります。商品・サービスに込めるストーリーはお客さまに関心をもってもらい共感を得るには非常に大切です。

　例えば、前章で取り上げた壱岐の麦焼酎「あぶくまる」は、このようにとらえることができます。
「壱岐は麦焼酎の発祥の地。壱岐にはパワースポットもあり、もっと、福岡から若い人にきてほしい。グリーンの壱岐の海と商品のパッケージの色を合わせて、家のリビングにも置けるおしゃれなボトルで、壱岐の海を想起できるようにしました。妖怪のキャラクター「あぶくまる」にもストーリーがあります。有名な須田先生の未発表だった作品で、この商品のためにと思えるぐらい突然に見つけられました。」

　この商品のストーリーは実に面白く、それを聞いたお客さまが周囲の人に話したくなってしまいます。話の断片をつまんで話しても十分面白いものになります。
「あのグリーンの瓶は壱岐の海の色なんだって」
「あぶくまるは、壱岐にいる妖怪で、まだ発表されていなかった須田先生の作品なんだって。見つかったらしいよ。」
　こんな会話まで想像できそうですね。

商品ストーリーづくりで大事なことは、

- 商品が主役で真ん中にあること
- 他のものと違って見えるようなること
- 聞いたストーリーが覚えやすいこと
- 人に話しやすい、話したくなること
- そこに何かの価値があると感じられること

よいストーリーがあれば、お客さまは、より関心を持ちより多くの情報を伝えることができます。ストーリーを通して多くの情報を受け入れられ、様々な自分なりの想像をしてくれるようになるのです[a]。

初めて出会ったときの関心や期待感がその後の多くの情報を受け入れてくれる大事なきっかけになります。こうして多くの情報をお客さまに運び、期待感づくりにつなげることができれば、より詳細な情報をネットでさらに詳しく調べたり、試しに買っていただくことにつながっていくのです。

商品・サービスと地域を、ストーリーでつなぐことで、商品・サービスも地域の魅力も強調され、多くのお客さまを引き付けます。お客さま独自の想像力もはたらくようになるのです。そのお客さま自身の想像が、商品・サービスを体験したくなる期待感を生みます。

ストーリーの素材やヒントはどうやって見つければいいのでしょうか。

まずは地域の図書館にあたります。最近の地域の図書館は、地域の情報拠点として役割が高まり、その地域の資料の収集に取り組み、公開しています[b, c]。

このような情報を活用し、地域の歴史を調べなおす方法があります。

また、その地域に暮らしていない人の意見を聞いてみるのも大変参考になります。みなさんの当たり前が、外の人から見ると大変な宝物に見えたり、価値の高い貴重なことだったり、ミステリアスだったり、他では聞いたこと

がない興味深いモノだったりすることもあります。

　よいストーリーの効用についてまとめてみます。

　１）商品・サービスと組み合わせることで、唯一の個性につくりあげてい
　　　くことができる

　２）多くの情報をお客さまに届けられる。文字だけで届けるより22倍の
　　　情報を届けられると言われている[d]

　３）ストーリーにある情報が、お客さまご自身の想像を促す

　４）そのストーリーを用いて関係する人々に商品を伝えやすくし、対話も
　　　生まれやすくする（お客さま、販路の方々、メディアの人、広報関係
　　　者など）

　５）わかりやすいストーリーは人に伝播しやすくなる

　質の高いストーリーがみなさんの商品・サービスのアピール力を強め、お
客さまに共感していただく確率を高めていくことができるのです。

（４）お客さまに伝える方法を選ぶ

　みなさんの商品・サービスの何をお客さまに伝えるか、どのように伝える
か、メッセージの内容が定まりました。次は、そのメッセージを"どんな方
法で、お客さまのところに届けていくか"を考えます。

　地域の生み出した商品・サービスには、全国展開でマーケティングを展開

する大企業とは違い、十分なマーケティング費用（広報・PR・宣伝費・プロモーション）があるとは考えにくいです。

予算があれば、大々的なテレビ広告やネット広告もあるでしょうが、費用が限られる場合は、知恵と工夫で勝負しなければなりません。

応援団を増やす。増やす努力をする。

限られた広報・PR費用を前提に、地域発の商品・サービスの広報PRを考えていきます。

商品・サービスについて、十分な発信力を確保するのは、自分たちだけの力では限界があります。

みなさんの応援団としては、このような方々が考えられるでしょう。
- お買い上げいただいた、お客さま
- 販売場所(お店)のみなさん
- 生産・製造で協力いただくみなさん
- メディアのみなさん、情報発信いただくみなさん
- 多くの人に情報発信する人(インフルエンサー)
- 自治体の関係部門のみなさん
- 自分の会社・組織の他の部門のみなさん
- ボランティアのみなさん
- みなさんのご家族・・・

よく周りを見てみましょう。みなさんの商品・サービスの"応援団"となってくださる方はいませんか。

多くの応援団となる人に、みなさんがやりたいことを理解・賛同していただき、機会があるごとに、多くの人にどんどん話題にしてお話しいただく。

このような方々に強力な支持者になっていただき、情報発信力をパワーアップしていきます。また、応援団のみなさんがお持ちの発信手段（告知スペ

ース、告知媒体）の活用をお願いする。

　デビューの早い時期に共感いただいたお客さまの力を借りることも大事です。商品・サービスを気に入っていただいたお客さまご自身のSNSから情報発信をしていただくことは有効な方法です。そのため、SNSを通じて他の人たちに伝えたくなるような情報（写真、説明、ハッシュタグ）の準備をしなければなりません。SNSや口コミサイトでお客さまが自ら発信している情報をUGC：User Generated Contentと言います。SNS、ブログ、掲示板、動画、レビュー、リンクなども含まれます。これらは他のお客さまに大きな影響を与えると言われています。発信したくなる情報、映像、ストーリーをきちんと用意し、お客さまの力を貸してもらいましょう。

　インフルエンサーが発信する情報は、インフルエンサーのフォロワーが喜ぶ情報でなければなりません。その情報は①素敵な写真であること　②わかりやすい説明　③ハッシュタグにしやすい　④私が発信するのにふさわしいと思ってもらうことが必要です。

　応援団をつくること、情報を発信できる人をファンにしていくことにより、彼らに世の中に伝えていただくことで、さらに多くのお客さまに情報が届くようになるのです。彼らが伝えやすい情報を標準装備しておくことも必要です。

お客さまへアピールするための4要素
　商品・サービスの第一印象をつくるには、キャッチコピー、写真、本文、商品内容を駆使します。もちろん掲げた“1年後に目指す状態＝目標”に向かっていなければなりません。
　これらを駆使して、短時間で商品の世界観を伝え、強い第一印象、好印象を獲得することを目指します。

その凝縮され生まれた表現が、お店の棚、ホームページ、広告ポスター、チラシ、パンフレットに展開されます。

　開発されたメッセージは、具体的にどの手段でお客さまに届けるかを考えなくてはなりません。

　明確になった戦略に沿った、お客さまへのアピール（メッセージの発信）を具体的な方法にどう選び、実施していくかを考えていきましょう。

　大事なことは、最低限の情報発信。いかにしてお客さまと商品・サービスの接点を創造するかが大切です。

情報発信の"７つ道具"

　特に市場デビューのとき、様々なことが同時進行で動くので一段と忙しいものです。各方面からくる問合せへの対応は手間と時間がかかるものです。その時間や手間を省き、迅速な対応をするために、メンバーが共有して活用できる情報はあらかじめ準備しておくとよいでしょう。

　商品・サービスの現物、商品・サービス概要の説明、どんな情報発信をしたいかの文案を用意し、効率的に活用していくことをおすすめします。

　メディアの記者の方もゼロから記事を書き起こすよりも、参考資料を傍らにそこに意見やコメントを加えふくらましていく方が、原稿を作成しやすいはずです。使う人に十分に配慮した情報の整備をしていきましょう。

　以下は、地域生まれ商品・サービスの広報ＰＲを円滑に進める上で用意しておきたい７つの道具と言えるでしょう。

- ニューリリース
- ブランドパンフレット
- ブランドサイト
- オンライン販売サイト
- 商品紹介カード／ショップカード
- 店頭POP（お店の人が、手間のかからないもの）
- SNSアカウント

　ニュースリリースを常備し、取材に協力してくださる方々に、一貫した情報提供を行います。ニュースリリースは、①大見出し　②発信元　③取り組みの目的　④概要やストーリー　⑤手にしたお客さまにどんな満足を提供するか　⑥問い合わせ先　で構成します。また記者の方は、リリースにある情報を引用したり、それを土台に自分の原稿を書くのでニュースリリースの内容は大切です。

　ブランドパンフレットは、協力者への説明、販売場所と交渉するときの説明に使用します。

　その商品・サービスの出発点となった地域の素材の紹介、その商品・サービスの個性・特徴、体感したときのお客さまの気持ち、イメージが膨らむ写真が入るといいでしょう。条件が異なる様々なところに配置できるよう、そしてお客さまが持ち帰りやすいよう、小さなサイズのものがいいでしょう。

　ブランドサイトも、ブランドパンフレットと同じ内容が基本となります。サイトにアクセスする人は、能動的に情報を得るために来訪します。

　サイトの場合、印刷物よりも多くの情報や、リンク先も表示できます。その地域などの情報も見ていただけば、商品・サービスへの理解や関心が強まるでしょう。オンラインサイトともリンクさせます。

　オンライン販売サイトは、販売を主目的にしたサイトです。

　サイトにアクセスする人は、能動的に購入検討を前提に来訪します。また買う前の情報の確認をします。

　魅力を伝え、買いやすいサイトの構築を目指します。ブランドサイトともリンクさせます。

　商品紹介カード／ショップカードは、名刺サイズのコンパクトに商品・サービスPR、アクセス先を明記したもの。ブランドパンフレットの内容を凝

縮し、さらにオンラインの販売サイトにすぐ飛べるよう検索窓の表示やQRコードの表示も必要です。お店に来てその日は買わなかったお客さまが、後日自宅のパソコンからアクセスできる方法をつくっておきます。周辺の飲食店などに置いていただき、新たな接点をつくることにもつなげられます。

　店頭POPは、実際のお店に商品・サービスが並ぶ場所で、お客さまの目に留まりやすくするためのモノです。

　限られたスペースなので、その商品・サービスの一番の売りを一言で、限られたスペースを最大限に使ってアピールします。あまりお店の人にお手間をとらせない、簡単に設置できるものを作成します。

　SNSアカウントは、X（旧Twitter）やインスタグラムが主なものとして挙げられます。

　頻度良く更新することで、新鮮な情報をお客さまや関係者・協力者に発信し続けることができます。継続的に新しい情報を発信しお客さまにアピールしていきます。継続的な発信をしていくには、担当が必要です。その担当は商品・サービスの価値をぶれることなく、新しい情報をつくり発信していくのでそれなりの労力がかかります。お客さまに向けて、継続的に新鮮な情報をお届けできるよう、発信する情報のガイドライン、発信体制をきちんと準備しましょう。

　お客さまの情報の探索は、パソコンやスマホからが多いでしょう。より詳しい商品・サービス情報をお客さまに提供するには、ホームページは重要な受け皿になります。どんな施策であっても、検索窓（検索ワード）やQRコードなどを忘れず表示しましょう。どんな場面からも、必ずホームページ（ブランドサイト、オンライン販売サイト）につながるように設定しておきます。

図11　伝えるための7つ道具

	種類	目的	留意点
1	ニューリリース ※図12参照	取材時にぶれのない情報提供	①大見出し　②発信元　③取り組みの目的　④概要やストーリー　⑤お客さまにどんな満足を提供するか　⑥問い合わせ先
2	ブランドパンフレット	協力者への説明、販売場所と交渉するときの説明に使用	商品・サービスの素材紹介、個性・特徴、体感したときのお客さまの気持ち、イメージが膨らむ写真付きのパンフレット
3	ブランドサイト	サイトにアクセスする人への情報提供	ブランドパンフレットと同じ内容のサイト
4	オンライン販売サイト	販売を主目的としたサイト	選びやすい、買いやすいサイトの構築。ブランドサイトともリンク
5	商品紹介カード／ショップカード	ピックアップ、持ち運び簡単な情報の提供	名刺サイズ。商品・サービスPR、アクセス先を明記。ブランドパンフレットの内容を凝縮。サイト連動。
6	店頭POP	店頭で、お客さまの目に留まりやすくするためのモノ	店頭の棚での商品・サービスのアピール。お店の人に設置にお手間がかからない、簡単に設置できるもの
7	SNSアカウント	新鮮な情報の継続的な発信	頻繁に新しい情報を発信し、関心を刺激。新鮮な情報をお届けできるよう、発信する情報のガイドライン、発信体制必要。

　第3章で触れられた「あぶくまる」の市場デビュー時に実際に用意されたニュースリリースをご紹介します。構想された商品の情報が整理され、ストーリーを持ち、市場・メディアにどう発信されたかご覧ください。

必要不可欠な方法と可能ならやりたい方法の整理

　前節でお客さまへの伝え方を考える上で、商品、サービスの何をいうか（What to say）が固まり、どのように伝えていくか（How to say）、どのような道具を準備しておくかについて述べました。

　次は、そのメッセージをどのような方法で発信していくかを考えます。

　具体的に伝えていく方法は、お客さまに直接伝える方法や、お客さまが接触する間にいる人、協力者の手を借りて行う方法があります。

　デビュー作戦においては不可欠なものと、可能であれば取り入れていきたいものに分けて挙げていきます。

図12 ニュースリリース 「あぶくまる」事例

2023年11月4日
壱岐 海神グループ

~伝説のアニメーター須田正己が描いたオリジナルキャラクターをパッケージデザインに使用~

本格麦焼酎「壱岐島 あぶくまる」11月4日発売

　壱岐島で飲食店、物販店、通信販売等を手掛ける壱岐 海神グループ（長崎県壱岐市勝本、代表 深山 智恵子）は、壱岐島産の本格焼酎「壱岐島 あぶくまる」を11月4日（土）から海神グループが運営する「壱岐わたつみ物産店（店舗）」「磯焼・焼肉 深山苑（通販）」、および全国の酒屋等で販売いたします。
　「壱岐島 あぶくまる」は壱岐島内の老舗蔵元である玄海酒造株式会社が製造します。
　壱岐島は麦焼酎発祥の地と言われており、島に伝わる伝統の製法を守りながら、「壱岐島 あぶくまる」は現代にマッチするまろやかで軽快な味わいの麦焼酎となっております。
　パッケージデザインには、日本の数々の有名アニメを手掛けてきた「伝説のアニメーター」として知られる須田正己氏が、生前に壱岐の妖怪として描いた未発表イラストを使用。焼酎ファンだけでなく、アニメファンの方からも注目され愛されるパッケージデザインを目指しました。

- ・名称： 壱岐島 あぶくまる
- ・製造元： 玄海酒造株式会社
- ・品目： 本格焼酎（麦焼酎）
- ・原材料： 大麦、米麹
- ・アルコール分： 25%
- ・容量／容器： 720ml／びん
- ・希望小売価格： 2,200円（税別）
- ・発売日： 2023年11月4日（土）
- ・発売地域： 壱岐わたつみ物産店、全国

■パッケージデザインについて

　須田正己が描いた壱岐の妖怪キャラクター「あぶくまる」を使用し、壱岐市勝本にある無人島「辰の島」周辺の美しいエメラルドグリーンの海にあぶくまるが暮らす様子を表現しています。

■キャラクター「あぶくまる」について

　ボトルに描かれたイラストで、この焼酎の商品名でもある「あぶくまる」は、本名を「龍宮あぶくまる」と言い、壱岐辰ノ島の海中で暮らす、何万年も生きている永遠の3歳。壱岐の海神様の使徒として、壱岐の海の平和を守る妖怪のキャラクターです。
　「あぶくまる」は、壱岐わたつみ物産店をはじめ壱岐 海神グループが発信する壱岐島のキャラクターとして、今後は焼酎だけでなく、店の看板デザインに使用したり、グラスやエコバッグなどのグッズ展開も行ってまいります。

■伝説のアニメーター須田正己について

　あぶくまるを描いたのは、日本アニメ界伝説のアニメーター、キャラクターデザイナーの須田正己。
　アニメ「妖怪ウォッチ」「マッハGoGoGo」「北斗の拳」のキャラクターデザインや「SLAM DUNK」「遊☆戯☆王」の作画監督など、数々の有名アニメを手掛けてきた巨匠が生前に壱岐の妖怪として描いた未発表イラストを、壱岐海神のオリジナルキャラクターとして蘇らせました。

「龍宮あぶくまる」
（画：須田正己）

このリリースに関するお問合せ先： 玄海酒造株式会社
〒811-5125 長崎県壱岐市郷ノ浦町志原西触550-1
TEL：0920-47-0160　　URL：https://www.mugishochu-iki.com/

■「壱岐島 あぶくまる」が買える／飲める店「壱岐 海神グループ」について
　「壱岐島 あぶくまる」は、壱岐市勝本浦にある壱岐 海神グループが運営する壱岐の特産品・お土産販売店「壱岐わたつみ物産店」店頭と、「磯焼・焼肉 深山苑」の通信販売サイトで購入ができます。
　また、壱岐わたつみ物産店に併設している「お食事処 海神」と、同じ海神グループの「磯焼・焼肉 深山苑」で「壱岐島 あぶくまる」を飲むことができます。

・壱岐わたつみ物産店／お食事処海神　　https://watatumi.co.jp/
　壱岐わたつみ物産店では、壱岐島の各種麦焼酎をはじめ、海産物や菓子、グッズなどの壱岐島の特産品やお土産を取り扱っております。
　併設するお食事処海神では、名物の「生うに丼」をはじめ、島で取れる勝本まぐろなどの旬の海鮮や、お土産や通販でも人気のいかしゅうまいなどが味わえます。

・磯焼・焼肉 深山苑
　店舗URL：https://iki-miyamaen.jp/　・　通販URL：https://iki-miyamaen.jp/abukumaru_buy
　壱岐島勝本港を一望しながら、希少で高品質な和牛「壱岐牛」や、地元でとれた新鮮なあわびやさざえ、牡蠣やいかなどの磯焼など、壱岐産の新鮮な食材が楽しめる磯焼・焼肉店です。

■玄海酒造株式会社について
　麦焼酎発祥の地と言われる壱岐で、1900年（明治33年）に創業した老舗酒蔵。本社構内には壱岐焼酎に関する資料を展示する「焼酎資料館」が併設されています。麦焼酎発祥の地「壱岐」の雄大な自然が育んだ本格麦焼酎、壱岐焼酎。今も島独自の製法で、永きに渡り壱岐焼酎伝統の味を受け継いでいます。

このリリースに関するお問合せ先：　　玄海酒造株式会社
　　　　　　　　　　　　　　　　　　〒811-5125 長崎県壱岐市郷ノ浦町志原西触550-1
　　　　　　　　　　　　　　　　　　TEL：0920-47-0160　　URL：https://www.mugishochu-iki.com/

＊情報はリリース配信時のものです

目的別にみると、名前を広く知ってもらうこと、きちんと商品を理解してもらうこと、情報を効果的に拡散したいなど、様々なものがあり、目的によってそれぞれに適した方法があります。主な方法を挙げていきます。

（1）必要不可欠な方法

- 広く知ってもらう方法
  - 商品・サービスのホームページの整備
  - ネットでのニュース配信（PR-TIMESなど）※有料　PRTIMESなどは必須科目としては入れていく
  - 他社ホームページ、販路ホームページでの取り上げ
- 実際の店頭でPRする方法
  - 配荷されたお店での露出アップ（メニューやテーブルPOPなど）
  - 都市に出店するアンテナショップでの販売
- 影響力のある人から発信する方法
  - 地域とつながりのあるインフルエンサーを味方に付ける
  - その地域にいなくても、頼もしい応援団になってくれるはず
- 応援団・協力者の理解を得る方法
  - 自治体・地元メディアの応援を取り付ける
  - （広報誌や展示スペース、掲示板を活用させてもらう）
  - 地元の新聞・雑誌メディア・ミニコミ誌の記者の応援を受ける
  - 他県の新聞・雑誌メディアの記者の応援を受ける
  - 取材要請に丁寧に応える
  - 記者向け説明会を行う（記者向けストーリーとサンプリング配布）
- 商品・サービスへの理解を深めてもらう方法
  - 講演会や情報交換会への積極的参加（ＰＲ名刺があるとなお良い）
- お客さま自身のUGCによる方法
  - お客さまのSNSでの取り上げの誘引

（2）可能であれば加えたい方法

- 持っているものを再利用する方法

  既存顧客リストの活用（あるのなら）

- お客さまに商品・サービスを実際に1度使ってもらう方法

  モニター募集　アンケートを募集し、商品の試用をしてもらう

  サンプリング

- 他の団体の活動への積極的参加

  大都市圏、商業施設などで行われる物産展などへの出展

  メディアなどのプレゼント企画に協賛する

  雑誌特集での取り上げ（積極的な情報提供）

- お客さまの使用シーンへの提案

  中元、歳暮のギフト企画。新たな需要機会をつくる

- 賞を獲得することで、その商品価値を高める方法

  コンテストへの応募。受賞。店頭PR。ホームページでのPR

  表現への盛り込み

　なるべくコストを抑えてスタートする方法として主なものをあげてみました。どれも初めに可能性を検討する施策です。予算と照らし合わせ、想定されるお客さまの特性と照らし合わせ、組み合わせて最大の効果を狙っていきましょう。先に挙げた7つの道具を目的にあわせて活用していきます。

お客さまの数を増やす方法に適した施策

　前の節で、市場デビュー時には、お客さまの数を増やす方法について2つを述べました。

（1）一気に広く情報を拡散して、広く知らしめて、お客さまの行動を促していく方法。

　なるべく多くのメディアに取り上げてもらう機会をつくり、人の目につくところでも多くの情報発信をしていく。

（2）特定のテーマについての同じ嗜好を持つ人たちを牽引するリーダー的なお客さまの支持を得て、順次その評価をすそ野に拡大していく方法。同じ嗜好や趣味・関心の人がSNSでつながっている今、SNSでの情報の共有が、皆さんの商品・サービスを伝える有効な手段。みなさんからこのSNSコミュニティに直接アプローチできれば、有効な情報発信手段になるでしょう。

　広く知らせていく方法として、ホームページ、他社のホームページへのリンク、記者向け説明会から各種メディアで取り上げてもらう、ネットでの情報発信、テレビに取り上げてもらう、物産展への出店などが挙げられます。
　SNSのような同じ嗜好の情報拡散の方法として、SNSコミュニティへの情報紹介、インフルエンサーの発信、お客さまのUGC、情報発信力のある方へのサンプリングと捉えるとわかりやすいでしょう。

　みなさんの"デビュー作戦"において、お客さまにどのような情報の届け方をするでしょうか。
　デビュー作戦づくりのヒントになればと思います。

（5）みなさんの志・挑戦を 作戦に組み込む

　"デビュー作戦"づくりの最後の項目です。ここはみなさんのチームがこの商品・サービスをきっかけに、広く世の中に何を及ぼすか、考えます。3つの質問を用意しました。

質問1　この商品・サービスをきっかけに、世の中にどんな影響を与えたいですか。
質問2　この商品・サービスを通じて、ご自分のふるさとにどんな好影響を与えたいですか。

質問3　今までしなかった（できなかった）ことで、この取り組みで新し
　　　　くできるようになりたいことは何ですか。

　“みなさんのチームの志・挑戦”も、“デビュー作戦”を構成する重要な要素
です。

　この商品・サービスのデビューの拠り所となる、チームの結束を固め、周
囲を巻き込んでいけるものに仕上げてください。

　ここまで挙げてきた5つの視点から、考えていくと、よりよいみなさんの
商品・サービスの“デビュー作戦”が出来上ってきます。

　次の節からは、そのデビュー作戦をさらによいものにするための方法につ
いていくつか述べていきます。

4-4 外部の力の活用（プランナー／クリエイターの協力）

　どんな仕事でも同じようなことが起こりますが、自分の担当している仕事の範囲の情報は見えますが、その外で起きていること、他の地域で起きていることにアンテナを張って適確な情報を入手することは簡単なことではありません。

　自分の周りにある情報、自分から見える情報だけでは、発想が限定的になり、あまり創造的で挑戦的な判断ができにくくなります。

　このようなときに外部の力を借りることは大変有効です。飛躍のヒント、発想飛躍へのきっかけは案外外から入ってくるのです。

　外部の力とは、プランナー、クリエイターが挙げられます。

　もちろん、彼らを入れると費用がかかります。プロジェクト単位や稼働工数で算出した費用が発生します。

　しかし彼らは、他の地域、様々な形態、業界の仕事を経験していて、外で起きている成功例や知恵、工夫をもっているので、この知恵や工夫を効率的に上手に引き出すことを目指しましょう。

　彼らをメンバーに加えることで、せまく限定的な視野になるのを防ぐことができます。みなさんが当たり前と思っていたことに（外の人から見ると）思いがけない価値があることに気づかせてくれることもあります。

　ですから上手に使うことができれば、大きな効果をもたらします。

　ただ彼らの意見やアイデアを鵜呑みにしてはいけません。最終決断はみなさんが行います。

　そのためには、提示された意見やアイデアに対し、適確な判断ができるよう、地域の外で起きていること、他の分野や市場で起きていることにアンテ

ナを張ることは大事です。時代の変化は、自分なりにつかまえておくことも必要です。外で起こっている変化や成功はあなたにとって良質なヒントになります。

　第2章でも、他の街で成功していること、うまく行ってない事例も調べることの大切さが言われています。これは外部の力を上手に活用するために、自分の意見をきちんと言うこと、判断していくことのためには必須です。

　たくさんの事例を自らリサーチして、自分がやりたいことのイメージを磨いておくことも大切です。

　協力、助言はいただいても、決めるのはみなさん。遠慮なく自分の考えを言う力をつけていきましょう。

　よい外部パートナーと出会えてアイデアや意見を上手に聞き出し取り入れることができれば、より創造的でスケールの大きい作戦を創ることもできます。

　外部の人と一緒にプロジェクトを進める場合、次のようなことを留意していきましょう。

- よい外部協力者を見つけること

　　　きちんと自ら手を動かす外部の協力者。その人がやってきた今までの仕事をしっかりと調べ、自分が求めているものか見定める。実際に会ったら、みなさんの話をきちんと聴いてくれるかどうか、率直な意見を言ってくれるかどうかを見る。自分で手を動かす人、何かをアウトプットできる人であること。掲げた目的・目標に対して一緒に悩んでくれる人。概念、あるべき論、事例の紹介だけの人は選ばない。

- "1年後に目指す状態＝目標"、課題を共有できる協力者を見つけること

　　　みなさんの"1年後に目指す状態＝目標"、抱える課題を傾聴するか

を見る。

それらを前提とした中で、外部の人が力を発揮してくれるか。

- 自分でも外で何が起こっているかよく勉強すること

  外部の視野からいろいろと提案されたときに、きちんと自分でその良し悪しを考え、意思を表明できるように装備、準備しておくこと。

- 明確な意思表示、意見をすること。遠慮しない

  外部の人からどんな提案をされても"1年後に目指す状態＝目標"は変わらない。

  "デビュー作戦"に沿うものかどうか自分の考えを述べる

  アドバイスがいいと思ったらどんどん取り入れる

- スケジュールの管理とコストの管理

  時間の感覚、コストの感覚はみなさんが同じとは限らない。

  メンバーの時間感覚、コスト感覚できちんと管理していく

  "デビュー作戦"の方針に、合わないときはきちんと言えること

- チームの他の人たちも彼らと連携できるかどうか見る

  併走するのは、みなさんチームメンバーだけではない

  チームの他の人とうまくやっていけるか、きちんと見る

  みなさんとの相性もとても大切です。

　経験の豊富な外部の人たちは、異なる視点からの提案、新しいアイデアを提供してくれるでしょう。彼らの今までの仕事、会話の中でどれだけあなたのチームの課題にふみ込んで一緒に考えてくれるか、そして並走してくれる人なのか見極めることが大事です。

4-5 | 情報発信力をパワーアップ するための新しい可能性

ここまで、みなさんの商品・サービスの情報発信力の不足をどう補っていくかについて述べました。加えて、今、社会で起きている変化をご紹介します。この社会の変化を上手に"デビュー作戦"に取り込んでいくのはどうでしょうか。着目している 2 つの新しい動きをここに紹介します。

クリエイティブ・コモンズ・ライセンスの 可能性

クリエイティブ・コモンズ・ライセンス（CCライセンス）^eとは、今日のデジタルネットワーク社会に合わせた新しいルールで、ハーバード大学のレッシグ教授が提唱しました。個人、地域、コミュニティの著作物について創作された著作物（キャラクターやシンボルなど）は著作権があるため、様々な制限がかかります。ここで開発した著作物に知的財産権を発生しない状態をパブリックドメインといい、これにより他の人もキャラクターやシンボルをFacebook、ブログ、YouTube、Instagram、Xなどで自由に使うことができるようになります。こうすることで運営の主体 1 団体に留まらず、賛同し関心を持った人たちが、自らも世の中に情報発信できるようになります。

東京都品川区の大崎駅西口商店会の大崎一番太郎というマスコットキャラクターがいます。一商店街としての情報発信力は限られていて、ここにクリエイティブ・コモンズ・ライセンスを活用したことで他者からの情報発信が活発化しました。

キャラクターの品質管理・運用品質については事務局が管理しますが、他の人たちが自由に活用できるようになりその露出を高めました。クリエイテ

ィブ・コモンズ・ライセンスは、今後の地域生まれ商品・サービスの発信力を強化する際の1つの有効な方法になるとして期待できます。

ウィキペディアタウンの可能性

発信力不足を補う方法として、ウィキペディアタウンの活用も考えられるでしょう。ウィキペディアタウンは2012年、イギリスのモンマスという人口1万人にも満たない小さな街で始まりました。文化施設メンバーと市民のボランティアが協力し、街の名所や遺跡の写真やストーリーをウィキペディアに集約。ウィキペディアにつながるQRコードを街に掲出し直接、情報が集められたウィキペディアのページに誘導できるようにしたものです。

これによって多くの観光客が、世界のどこからでもこの街の情報にアクセスすることができるようになりました[g, h, i]。

日本でも地域の図書館などがけん引し、組織が主催して、その地域、商品、サービスに関心がある人たちが参加し、地元の研究や勉強会を通じて得られた成果をウィキペディア上に公開していく方法がとられています。

この方法は、図書館や自治体に留まらず、地域生まれの商品・サービスについても、住民やお客さまも巻き込んで、良質な商品・サービス情報やストーリーを運んでいく新しい方法としての可能性を感じています。

4-6 作戦の進捗は、数字でつかむ

"デビュー作戦"の成果を数字で測る！

この章では"1年後に目指す状態＝目標"にどれだけ近づくことができたか、"デビュー作戦"が想定どおりに進み、成果につながっていっているかをきちんと把握していく方法を述べていきます。

"デビュー作戦"が実行されて、どんな変化をつくることができたか、前進したかを数字で確認しましょう。

"作戦"の進捗はいくつかの要素で成り立っており、複数の尺度で数字を押さえられれば、"作戦"のどこが進み、どこは停滞しているかを立体的にとらえることができます。

大事なのは、なぜそういう結果になったのか、なぜうまくいかなかったのか、チームのメンバーで同じ目線で話し合い、次のもっと成功に近づける作戦をつくっていくことです。決してやりっぱなしにすることなく、数字で成果を見えるようにして、チームで振り返ることをおすすめします。

自分の取り組んだことによる変化が数字で測れることは意外に楽しいことです。

少しの変化や成長にチームが一喜一憂でき、新たな挑戦課題も見えてきます。

「思った通りにはうまくいかなかったね」「うん。それじゃ、次の打ち手どうしてみる？」

こんな、楽しい未来への作戦会議を目指しましょう。

本書を書く上でたくさんの取材を行いましたが、企業と比べて、地域発の商品・サービスへの取り組みは、その成果や進捗の状況を数字で語ること（PDCA）が意外に少ないことに気づきました。

　みなさんのチームが取り組んだ成果を数字で把握していくこと（数字を活用したPDCA）をぜひおすすめしたいと思います。

　チームが１つの"１年後に目指す状態＝目標"に向けて"デビュー作戦"に沿って準備した各施策を実施し、その中継点になる数か月後には、様々な結果が生まれているはずです。

　その投入された施策は、想定通り成果に結びつくこともあれば、想定通りの成果に結びつかないことももちろん出てきます。思いがけず想像以上にうまくいくもの（予期せぬ成功）もあるでしょう。感覚的やイメージの議論でなく、数字という共通の言葉の上で、議論を進めたいものです。その上で、成果につながるものはさらなる成果を得るために強化、そうでないものは、課題を明確にして改善や中止を行い、新しい成果につながるよう再挑戦していくことが必要です。

　目標を立てて、施策を実行して、効果を数字で検証し、改良しバージョンアップする。そんなＰＤＣＡを続けることで成功確率を高めていくのです。

数字になった成果に、一喜一憂しよう！その先への試行錯誤を楽しもう

　効果を数字で把握するには、どんな尺度があるのでしょうか。

　本章の前半で述べた数字化された"１年後に目指す状態＝目標"と結び付けて考えましょう。

　誰にとってもわかりやすい数字で測れる尺度を持つことをおすすめします。考えられる主な"尺度"を挙げます。

（１）販売状況の尺度

　　　　・販売売上・販売個数　　＝販売実績

- 販売場所ごとの売上の構成　＝販売構成比
- 取扱の店舗数　＝配荷店舗数

（2）お客さまと販売に関する尺度

- お客さまが1回の購入で使っていただける額
  （売上÷お客さま数）
- 同じお客さまに買っていただいた回数

（3）情報発信に関する尺度

- 検索時のヒット数　＝情報拡散
- ホームページのアクセス数　＝探索・情報伝搬
- ハッシュタグの数　＝情報の拡散・認知
- SNSフォロワー数・総いいね！数　＝共感度

　加えて、SNSでのお客さまの実際の声も（数字ではありませんが）手紙、電話問合せ、苦情も共有できるとこの先を考えていく大切な材料になるはずです。これらの"尺度：数字で把握する"と"生きた市場の声"を上手に使用すれば状況は立体的につかめ、適確に課題を見つけることができやすくなります。

　取り組んできたことを、節目で振り返り、どんな成果がでたか、どの部分はうまくいかなかったかを数字で把握し、よければ安堵し喜び、想定したものと違う数字が出れば、何が原因かどうしたらいいのか悩むのです。一喜一憂できる効果を測る尺度であるといいと思います。

　その数字の変化をプロジェクトのメンバーで「それはなぜ起きたのだろう」と疑問を持ち議論することで、次に進むための新たな課題が見出せるようになります。こうすることで、さらに成長につながる施策を考えていけるようになります。

　関係部門や上司への説明も順序だてて説明しやすくなります。

　振り返りをするタイミングは、毎月、四半期ごと、半年ごと、1年ごとが

考えられます。チームにあう最適なサイクルをつくりましょう。

図13　成果を測る尺度

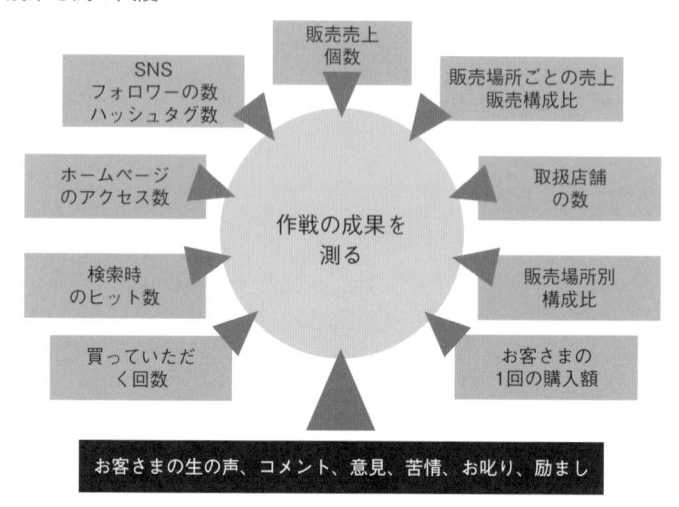

図14　PDCAの繰り返し　確度を高めていく

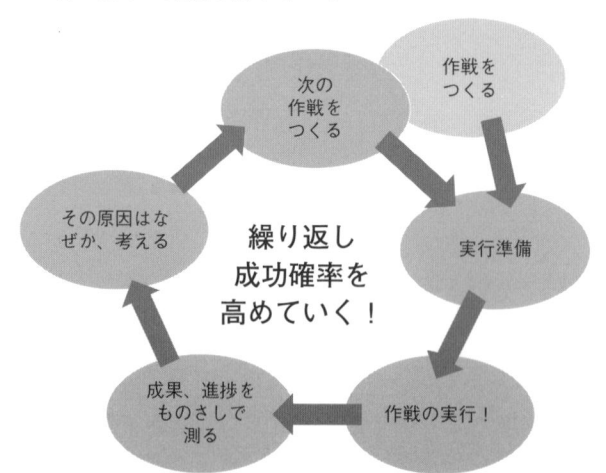

4-7 | よい作戦は 何をもたらすか

　この章では、マーケティング・コミュケーションの技術を、地域発の商品・サービスの市場デビューにどう活用していけるかについて述べてきました。また、成功確度を高めていくために、どのように良質な情報発信を行い、安定した継続的な成長をどう実現するか、その組み立て方について触れました。

　みなさんの商品・サービスの特徴や個性を際立たせるために、ストーリーを見つけ、メッセージに組み込んでいく。費用はポイントやエリアを戦略的に絞り効率的に配分していく。推進メンバーの不足は、外部の応援団、支持者を増やすことで、自分たちのチームの力になるよう引き込んでいく。

　大きなヒットを狙い一過性にすることなく、着実に1つずつ階段を登るように成長していく作戦を選んでいきます。

　新メンバーには"デビュー作戦"を提示し、共通理解をつくり、同じ志をもった仲間を増やしていきます。

　ときに、複雑で困難な課題にあたっても、しっかりした"1年後に目指す状態＝目標""明快な戦略""成果を測る尺度"があれば、チームメンバーのみなさんで冷静に判断していけるのです。

　よい"デビュー作戦"に沿った各施策の実行は、様々な効果をみなさんにもたらします。

　　1）どこが成功で、どこに課題があるか把握できる
　　　　成功とうまく行っていないことがとらえやすくなり、方針や考えを変更しやすくなる

掲げた目標の何合目まで来たか、どこはうまく進んでいない
か、プロジェクトがどこまで進んだか、順調か、課題はあるか
のコンディションを把握する健康診断に使える

2）次の取り組みの成功率が高まる
課題を明確した議論ができるので、次の取り組みを判断しやす
く、次の取り組みの成功率を高められる

3）リスクを未然に察知し、軽減できる
先んじてどんな課題やリスクがあるかの議論を通じて、リスク
を前もって想定できるようになる

4）想定外のことが起きても、落ち着いて対処できる
予想外、想定外のことが起こってもある程度予測ができるので、
その事態に冷静に対処できる

5）成長につながるラッキーを見つけたら飛びつける
成長につながる偶然の出来事が目の前に現れたときに、それを
チャンスと判断しつかみにいける

6）仲間、外部（協力会社などの外部）への共有がしやすくなる
仲間、外部協力会社に自分たちがやりたいことを伝えることが
できる
伝えることで、いっしょに考えてもらえる機会が生まれる
提案されたことのどれを選択し、どれを選択しないかの基準に
活用できる

7）意図したことが実現していく面白さを体感できる！

　この章で述べてきたことが、決して難しい手順ではないことをおわかりい
ただけたはずです。この章の中で、みなさんに興味を持っていただけたこ
と、できることを、日々の仕事の中に取り入れていっていただければ幸いで
す。

みなさんの考えたデビュー作戦は、

　　お客さまの喜ぶ笑顔が想像できますか。

　　販売場所の方々は、みなさんの商品・サービスで繁盛する光景が想

　　像できますか。

　　チームが議論を通じて結束できましたか。

　　みなさんのチームが同じゴールイメージにむけて積極的に挑戦して

　　いくぞ！　とまとまりましたか。

　未来を想像することや、お客さまを想像しながら様々な取り組みを企画し実施し、市場を動かしていくことは、とても挑戦的で楽しい仕事です。ぜひみなさんの商品・サービスで、果敢に挑戦してください。

　みなさんの周りで、刺激的で新しい変化が次々と起きますように。

図15 デビュー作戦 作戦図 ワークシート

NO	項 目	方 針／内 容
1	目指す姿 　1年後の目指す姿 　販売場所視点 　お客さま視点 　数字にする	
2	販売場所　優先順位 　地元店舗、他地域の店舗、 　オンライン販売、 　ふるさと納税ルートなど	
	あなたのお客さま	
3	何を伝えるか （WHAT）	
4	どう表現して伝えるか （HOW）	
5	どんな方法で伝えるか	
6	あなたのチャレンジ 　ふるさとにどんな影響を 　与えるか。世の中にどんな 　影響を与えるか。	
	作戦の期間・費用 　前提条件など	

用語解説・参考文献

a 『プロフェッショナルは「ストーリー」で伝える』
　アネット・シモンズ著　池村千秋訳（海と月社）2012年　　p.130　p.163-164
b 東京の地域資料に関するリンク集　東京都立図書館
　https://www.library.metro.tokyo.lg.jp/search/research_guide/tokyo/links/index.html
c デジタル岡山大百科　郷土情報ネットワーク　岡山県立図書館
　https://digioka.libnet.pref.okayama.jp/ssearch-jp/G0000002kyoudo
d スタンフォード大学ビジネススクール　ジェニファー・アーカー教授
　ストーリーは、単なる事実だけよりも22倍も記憶されます。
　Stories are remembered up to 22 times more than facts alone
　https://womensleadership.stanford.edu/stories
e クリエイティブ・コモンズ・ジャパン（CCJP）
　https://creativecommons.jp/licenses/
f クリエイティブ・コモンズ・ジャパン　CC事例その1　大崎一番太郎
　https://creativecommons.jp/2015/05/01/osaki_1bantaro/
g 産経新聞　「ウィキペディアタウン」って何？　わが街の魅力、世界に発信　https://www.
　sankei.com/article/20170816-YURA46HDHJMHVMSPPRIB4YQLJU/
h ウィキペディアを通じてわがまちを知る　マガジン航　小林巌生
　https://magazine-k.jp/2015/05/07/making-wikipediatown/
i ウィキペディアタウンの取組紹介　彩の国さいたま人づくり広域連合
　埼玉県立熊谷図書館　　飯田優子
　http://www.hitozukuri.or.jp/wp-content/uploads/thinking21_62-67_20220307.pdf

ロゴをシンボルに地元の気持ちを1つにした、千曲川橋梁の復旧

　上田電鉄別所線は、長野県上田市の上田駅から別所温泉駅を結ぶローカル線で、観光客や地元の通勤・通学に欠かせないインフラです。千曲川に千曲川橋梁という赤い鉄橋がかかっており「赤い鉄橋を渡る電車」は撮影スポットとしても人気があります。

　2019年長野県上田市を台風19号が襲い、千曲川橋梁が落橋しました。生活手段の1つだった別所線が不通になり、千曲川にかかる象徴的な橋が失われました。復旧には1年9カ月を要し、市民の心は悼み、復旧を待ちわびていました。

　2021年3月28日。いよいよ開通の日がやってきました。コロナ禍で自粛の波の中、実施された開通セレモニーは、市民待望の瞬間。開通をにぎわすことの1つとして、上田電鉄が行ったのは、開通ロゴの開発とその無料配布です。

　橋は地元の重要なインフラです、コロナ禍もあり明るい話題がない時期のニュースとして、橋の開通を街に「一体感」をもたらす明るいニュースにできないか？　と考えた結果として、シンボルとなる「ロゴ」を開発することにしました。

　ロゴは、橋の開通とみんなの気持ちを1つにすることと、様々な場所で露出により1日しかない開通日を開通前後の長期間にわたって注目させ、開通を機に地元を盛り上げるアイコンとなります。

「みんなの気持ちを1つにするロゴ」を作るために、ロゴがどういった働きをするのか？　ロゴにどんな想いを込めるのか？　橋の開通という一過性の点をどうやったら線や面へと広げることができるのか？　など、様々な観点からデザインを検討しました。

　大切なインフラが復旧し、別所線が全線開通した喜びに加え、「橋を渡っ

た先にあるもの」に想いを馳せてもらう、そんな願いを込めたデザインです。

　上田駅から開通した千曲川橋梁を渡ったその先には、日本遺産である上田の文化や歴史を後世に伝える数々の寺社仏閣がそろっています。千曲川橋梁はその入口と位置づけ、新しくなった千曲川橋梁をくぐり抜ける先頭車両からの景色を「鳥居」に見立て、赤い簡潔な線でシンボル化しました。

　開通した後のことも考え、街の魅力を再認識してもらうことを狙い、橋ではなく鳥居をモチーフとしたロゴのデザインは多くのメディアで紹介され、国際的なデザインコンクールで受賞するなど、期待以上の波及効果をもたらしました。

　そして、この橋の開通を一大イベントとして盛り上げるために、このロゴの使用を申請さえすれば誰でも使えるようにしました。そうすることで、このロゴを使用した様々な開通祝いグッズが生まれました。アクリルキーホルダー、タオル、箸、エコバッグ、日本酒など。なにかを「盛り上げる」ときに共通モチーフを作り、それを広く展開することで、大きなキャンペーンのような展開ができます。またイベントだけでなく、手元に物理的に残るものをつくることで、「体験による良い記憶」と「そのときのことを何度も思い出すきっかけとなるもの」を残すことができます。

祝別所線
全線開通　開通ロゴ

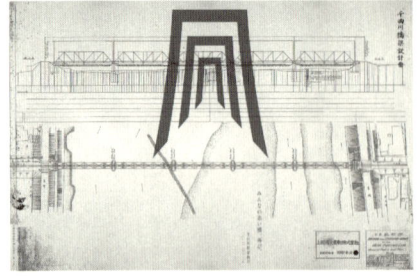

開通広告（交通広告ポスター）　　　　　　　　　開通祝い酒

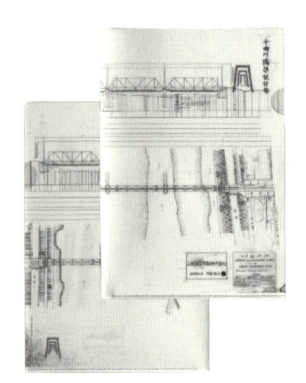

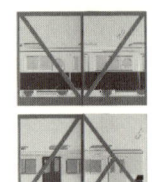

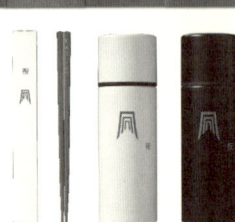

開通グッズ

開通セレモニー　　　　　　　　　　　　千曲川橋梁

第5章 ふるさと未来デザインに旅立とう

あなたのふるさとにある原石は、唯一無二のものになって世の中に披露されることになりました。

　産みの苦しみから出てきた商品やサービスです。今まで身近に当たり前のようにあったものが、美しく化粧を施されて舞踏会に晴れてデビューしました。深い愛着がありますから、大事に育てていきたいものです。

　これから先、どんな世界が繰り広げられるのでしょう？
　何を目指していけばいいのでしょう？
　最終章は、本書のタイトルでもある私たちが考える「ふるさと未来デザイン」について語って締めくくっていきます。

5-1 | 私たちが考える、ふるさと未来デザイン循環モデル

　これから50年先100年先にも、あなたのふるさとが人々の活気にあふれた場であり続けるには、どんな取り組みが必要となってくるのでしょうか。

　目先のことばかりとらわれてしまうと、一貫性のない短絡的な取り組みになりがちです。一方、ずっと先の理想郷のような世界の話になって、実践が伴わないのもよくありません。

　まずは、短期と長期、その両方の目線をもって取り組むことが必要となってくるでしょう。短期は、1年から3年の間に目に見えて結果が出るような取り組みです。これは人々の注目を引きます。（4章で言及したように）取り組みの成果をデビューさせることで、人々の関心を引き起こすことができます。

　また、長期は10年から20年先を見据えて取り組んでいくものとなります。地方は時間がゆっくりと流れていきますから、少しずつ積み上げていくことで大きな潮流へと化してゆくものです。

　短長期という時間的なことに加えて、地域内・地域外という視点も必要となってきます。地域内の活動は交流の基本です。同じ想い、同じ志を持った人たちが集まり、みんなで1つのことをやる。そうした活動の継続が地域内の循環を活性化します。地域内の循環がよくなると、地域外との交流に発展していきます。関心を呼び、各地から人が訪れてくるようになります。企業や学校、研究機関の進出といったことも地域外との交流の1つです。

　このように短期と長期、地域内と地域外、それぞれの取り組みの組み合わせで4つに分類できます。

①短期 × 地域内の交流

②短期 × 地域外との交流

③長期 × 地域外との交流

④長期 × 地域内の交流

　私たちは、これら4つの取り組みをうまく機能させ、循環させていくことで、ふるさとが持続性をもって発展していくと考えています。これを「ふるさと未来デザイン循環モデル」と名付けました。具体的にどのような取り組みが該当するのか、次節以降で解説していくことにします。

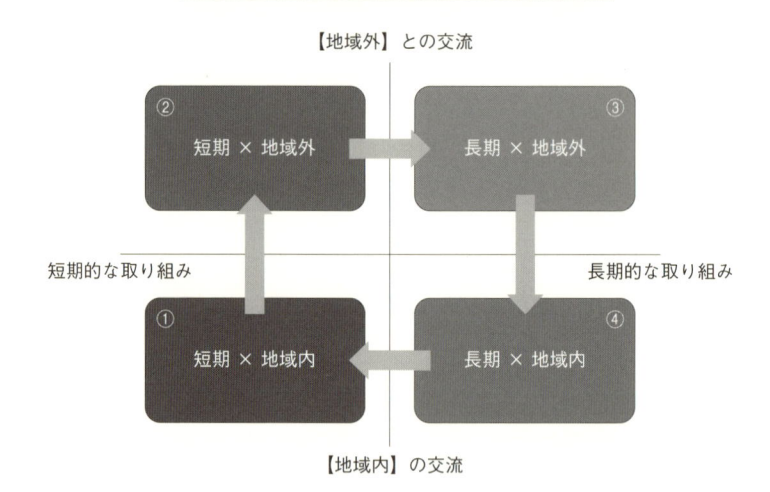

5-2 ［第一のステージ］ふるさとを潤すモノ消費

　第一のステージは、志を同じくする人たちとともに、1つのモノを創り上げている活動です。目的は唯一無二のモノを創り出すことにあります。

　本書の2章から4章の間でお伝えしてきた「原石を見つけ」「原石を商品の形に磨き」「世の中にデビューさせる」。こうした一連の活動を通じて、地域内の人たちの間で活発な交流が生まれます。その成果として、地域の顔となる特産品や名所を世に打ち出すのです。

　唯一無二のモノは、1つである必要はありません。1-2節でお伝えしたように、人々のライフスタイルは多様化の一途をたどっています。スイーツ好きもいれば、珍しい酒のつまみを捜している人もいます。歴史好きもいれば、建築物好きもいます。食器好き、お花好き、温泉好き、犬好き、猫好き、絶景好き・・・・魅力ある商品・サービス作りには事欠かないことでしょう。スイーツ1つをとっても、人々の嗜好は従来の和菓子・洋菓子というカテゴリーを超えています。生（なま）系・もっちり系・映え系・サクサク系・素材系などなど。味覚だけではなく、食感、色彩、香り、音、立体感、五感すべてに訴える幅広い創作活動が可能です。

　モノの販売は、消費者相手に限る話ではありません。東京や大阪の大都市圏のメーカーやスーパー、飲食店に卸していく事業のやり方もあります。現代は、鮮度を保持する技術と迅速な配達を可能とした物流が充実しています。販路が開拓できれば、継続的な取引が成り立ち、事業の安定につながっていきます。

　こうした活動の最終ゴールは、地域にお金を流入させることです。お金が循環して、事業が拡大することに伴い、雇用が創出されてゆくことになります。

人が集まり、楽しい創作活動が繰り広げられる。そして、モノが交流し、お金が循環する。こうした流れを生むきっかけづくりが、[短期×地域内]の取り組みになります。

単なる近所付き合いだけではない、新たな地域内の交流ステージの始まりです。

短期 × 地域内の取り組み

【地域外】との交流

短期的な取り組み　　　　　　　　　　　　　　　　　長期的な取り組み

① ふるさとを潤すモノ消費

・地方の特産品開発
・販路の開拓
　✓ PRパンフレット/WEBサイト/SNS
　✓ ふるさと納税返礼品
　✓ 通販サイト
　✓ 大手メーカー、スーパー、飲食店
　✓ 東京での各県物産館
・歴史/遺産の名所開発
・芸術性の高い名所開発

【地域内】の交流

［第二のステージ］
5-3 ふるさとを賑わせる体験消費

　第一のステージで、ふるさとを代表する唯一無二のモノが出来上がれば、積極的に地域外に広めていくことが可能となります。地域内の交流が活発であれば、モノの交流も促進されます。より良いモノ、唯一無二のモノは、外との交流のきっかけとなり、外からの人を呼び寄せます。新しい商品・サービスの取り組みが起爆剤となるのです。

　第二のステージは、地域外の人たちとの交流です。目的は、地域外の人たちにあなたのふるさとを気に入ってもらい、好きになってもらうことです。そのためには、ふるさとを体験してもらうための場づくりが大切になってくるでしょう。

　訪れた人たちのふるさとの体験は、ふるさとの入口となる駅やバス停に降り立った瞬間から始まります。目指すお店や観光名所にたどり着くまでの過程で、どれだけふるさとの雰囲気を楽しめるか。そうした過程の道のりも、訪問者たちには貴重な体験となります。例えて言うと、ディズニーランドでのアトラクションの待ち時間のようなものですね。

　目的の場所にたどり着くと、たくさんの人たちで混みあっていることでしょう。そこで過ごせる時間は限られてくるかもしれません。そうしたら、ちょっと休憩という話になりますね。ゆっくり過ごせるランチやカフェの場所があるといいわけです。そこでの時間は、友人や家族と語らいながら、楽しい思い出を振り返り写真を見せ合ったり、インスタグラムにアップしたりといった交流の機会につながります。

　そして、宿泊場所の確保も大事な取り組みになってきます。日帰りの訪問と、宿泊も兼ねた訪問とでは、体験の濃さが大きく違います。体験の濃さの

違いは、訪問者がその地におとすお金の額に反映されてきます。

　ふるさとを体験として有意義に過ごせる場づくり、それは連続性のある場づくりとも言えます。そうした工夫をすることで、訪れた地が人々の心に残る場所になっていくでしょう。

　連続性のある場づくりは、1つのルートに限る必要はありません。価値観は多様化しているわけですから、みんなが同じ行動をとるわけではありません。複数の選択肢があればあるほど、訪問者自らが選ぶ楽しみが増えていくことでしょう。

　心に残る体験消費、それは再び訪れる行動につながってゆきます。リピーターが、さらに人を呼び、ますますふるさとに賑わいをもたらすに違いありません。

短期 × 地域外の取り組み

【地域外】との交流

② ふるさとを賑わせる体験消費
・商店街の再活性化
・一日周遊コース開発
・散歩コース開発
・交流と休息の場の開発（ランチ＆カフェ）
・宿泊場所の開発
・農業/漁業体験
・歴史/文化財巡り
・アート体験、自然と親しむ体験
・道の駅周遊

短期的な取り組み　　　　　　　　長期的な取り組み

【地域内】の交流

［第三のステージ］
5-4 ふるさとに愛着をもたらす滞在生活

　第三のステージは、ふるさとに滞在してもらうための取り組みです。単に、外から人を呼ぶということではありません。旅行者としてではなく、滞在者として人生の一定期間をふるさとで過ごしてもらうことです。

　旅行者と滞在者とでは、何が違うでしょうか。違いは"生活"があるかどうかにあります。滞在者に生活は必須です。ふるさとに生活環境が整っていること、それが大事になってきます。

　どんな環境が必要かといいますと、4つあります。生活インフラが整っていること、生活必需品が流通していること、働く場があること、学ぶ場があること、この4つです。

　前の2つ、生活インフラと生活必需品は、現代の日本では全国ほぼ隅々までゆき渡っていますから、さほど大きな支障にはなりません。問題は後ろの2つ、仕事の場と学びの場です。

　仕事の場を創り出すことは、過去も今も、そして未来においても、地方の活性化に必要な取り組みになります。その中でも企業誘致や工場誘致は大きな起爆剤です。2021年、熊本県に世界の半導体トップメーカーであるTSMCが進出することになって大きな話題となりました。開業のために、台湾から750人もの従業員とその家族が移り住んできました[a]。現地の雇用効果は7,500人に上るという話です[b]。このような大きな話は滅多にあるわけではありませんが、規模の大小は別にしても、ふるさとに産業と雇用を生み出す活動は非常に重要です。誘致の対象は、ブルーワーカーが働く工場だけではありません。地方は静かで落ち着いた環境ですから、研究所やスタートアップ企業の拠点としても適しています。幅広い産業振興の選択肢から、どこに注

力するのか考えていく必要があるでしょう。

　また、少子高齢化が進行している中で、学びの場の確保は深刻な課題です。全国各地で公立学校が統廃合の危機にさらされています。そうした渦中でも、廃校の危機を乗り越え活気ある学校として運営されているところがあるので、ここで紹介します。

　島根県隠岐島にある唯一の高校、島前高校（どうぜん）です。2008年当時、入学生が28人に減り、高校統廃合の基準21名が目前に迫っていました[c]。その危機を脱するために打ち出した制度が全国から留学生を募る「島留学」です。生徒が寮生活をしながら漁業や農業を体験し、生きた知識を学べるユニークなやり方です。親元を離れた留学生たちを、地域住民が支える「島親制度」も設けました。島を挙げての熱心な取り組みが功を奏し、現在では生徒数150名を超え、うち100名以上が島留学生です[d]。この島で働きたいと、また戻ってくる卒業生も出てきました。今ではこの高校の取り組みがモデルケースとなり、全国に広がっています。「地域みらい留学」という名称で、139の高校が全国からの留学を受け入れる制度を取り入れています[e]。

　第三ステージは、第一・第二ステージと違って、地道な息の長い取り組みです。一気に人が押し寄せる話ではありません。50年先を見据え、官民一緒になって、ふるさとの未来のために活動していくことが大切になってくるでしょう。

長期 × 地域外の取り組み

【地域外】との交流

③ ふるさとに愛着をもたらす滞在生活

・企業誘致
・工場誘致
・ラボ誘致
・起業支援
・大学との連携、共同研究
・地域みらい留学（高校）
・里親制度推進
・公共事業の民営化
・都市機能集中

短期的な取り組み　　　　　　　　　長期的な取り組み

【地域内】の交流

［第四のステージ］
5-5　ふるさとに深く根付く定住生活

　最後の第四のステージは、ふるさとに地に足を付けて行う取り組みです。

　やりがいのある仕事の場、活気のある学びの場、それから潤いのある生活の場、そんな場づくりのための取り組みが最後のステージです。

　第三ステージは生活環境、つまりハード部分を整えるという位置づけでした。第四ステージは、活き活きと過ごすためのソフト環境を整えることになります。憩いの場、安らぎの場、助け合う場、挑戦する場、競い合う場、称えあう場、療養の場、様々な場づくりが考えられます。愛のある交流、思いやりのある交流の場があちこちにできてくるイメージです。

　ソフト環境の整備には、与えられるものを享受するだけでは足りません。そこに住む皆がふるさとを愛し良くしていこうという想いをもって自律的に活動するようになること、それが目指すところです。

　ふるさとのいたるところで様々な場ができ、それが活発になっていくことで、さらに人を呼び込むことが可能になります。人が人を呼び、さらに賑わいのあるふるさとに彩られることでしょう。

　現在、多くの自治体が移住支援や子育て支援を手厚くして、外部から若い人たちを呼び込もうとしています。それはそれで良いことなのですが、自治体同士の競争が過熱し過ぎるのが心配です。若者たちを奪い合うようなことになるようだと本末転倒です。何が何でも移住者を増やすということにこだわるのではなく、別のやり方もあります。デュアルライフ（二地域居住）「という考え方です。都市と地方部に２つの拠点をもち、定期的に地方でのんびり過ごしたり、仕事をしたりするライフスタイルです。利便性の高い都市部で働きながらも、ゆとりある生活を望む人たちは確実に増えています。そ

うした人たちを受け入れる場として、ふるさとは持ってこいでしょう。仮に、国民の20人に１人がデュアルライフを楽しむようになるとすると、600万人という数の人たちが地方に生活の場を求める計算になります。

　ライフスタイルが多様化している時代、考え方を柔軟にしていくことで、ふるさとはまだまだ活性化する余地がたくさんあると私たちは考えています。

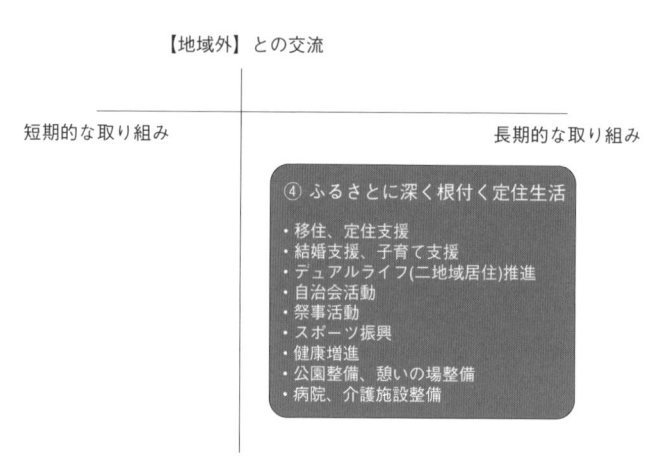

5-6 | 持続可能な地域社会へと導く"ふるさと未来デザイン"

　ここまで、"ふるさと未来デザイン"の4つのステージについて語ってきました。

　読まれたみなさんの中には、「もう既にやっているよ」とか「同じようなことを考えていた」と感じた箇所があったかもしれません。

　その通りだと思います。私たちは、全国様々な地方の現状について研究してきました。どの地方においても、頑張っているところが必ずありました。みんなで力を入れて活動している取り組みが随所にありました。一方、「こうすればもう少しよくなるのに」といったところや「せっかくのよいものが活かされていないなぁ」と思われることが見受けられたのも事実です。

　私たちが提示した"ふるさと未来デザイン"は、4つのステージを循環させることが最も大事なことだと考えています。循環とは、1つのステージにフォーカスして完璧にこなそうとするのではなく、それぞれのステージを少しずつでも改善していくことを意味します。地域内の取り組み、地域外との取り組み、短期の取り組み、長期の取り組み、これら4つの視点を常にもって活動していくことです。そうすることで、互いの取り組みが相乗効果を生み、スパイラルアップ（好循環）していくのです。

　"ふるさとの未来デザイン"では、第一ステージから第四ステージへ循環する過程で、人々の意識が大きく変わっていきます。モノの消費者から生産者へ。情報の受信者から発信者へ。受け身の立場から自発的な立場へ。お客さまから当事者へ。こうした意識の変化によって、第一ステージから第四ステージへ、そして第四ステージから、改めて第一ステージへと矢印がつながります。さらに高い位置から循環が始まるのです。

人生は一度きり。短いものですが、ふるさとはその先も続きます。

ふるさとが続くためにどうしたらいいのか、そうした考えを一人でも多くの人たちが持っていれば、この先も活気ある場が、全国あちこちにできてくるに違いないと、私たちは信じています。

ふるさと未来デザイン循環モデル

【地域外】との交流

② ふるさとを賑わせる
体験消費

③ ふるさとに愛着をもたらす
滞在生活

短期的な取り組み　　　　　　　　　長期的な取り組み

① ふるさとを潤す
モノ消費

④ ふるさとに深く根付く
定住生活

【地域内】の交流

用語解説・参考文献

a　くまもと県民テレビ「【TSMC】台湾から750人が熊本に」
　　https://news.ntv.co.jp/n/kkt/category/economy/kk7e8c6f17082e4f45985fc7745b05dafd
b　NHK熊本 Web特集記事「台湾半導体TSMC熊本進出」
　　https://www.nhk.or.jp/kumamoto/lreport/article/000/53/
c　リクルート進学総研「地域で学校を育てる "隠岐島前高校の挑戦"」
　　https://souken.shingakunet.com/higher/2016/09/jirei0105.html
d　島根県立隠岐島前高校「学校の特色」　https://www.dozen.ed.jp/diversity/
e　地域みらい留学HP　https://c-mirai.jp/
f　国土交通省　二地域居住の推進
　　https://www.mlit.go.jp/kokudoseisaku/chisei/kokudoseisaku_chisei_tk_000073.html

おわりに

本書を最後まで読んでいただき、ありがとうございました。

2022年1月、新型コロナウィルスによるパンデミックがいつ収束するか、まだ全く見通せない中、私たち「ふるさと未来デザイン研究所」は始動しました。コロナ禍が我々の日常を一変させ、全世界の人々が「ウィズコロナ」という新しい生活様式を模索し、何とかこの脅威と共存する道を探っている、そんな時期でした。

コロナ禍がもたらした経済活動への影響は計り知れず、生産活動や物流の停滞は企業や商店の廃業や閉店を招き、外出自粛や移動制限は、地域での祭りやイベントの中止、旅行・観光業への打撃という形で、地方にも大きな影響をもたらしました。そして、コロナ禍は一過性のものではなく、オンライン化の加速や在宅時間の増加などで、その後の人々の働き方や余暇の過ごし方、家族や人とのつながりといった行動や意識、価値観までをも大きく変えました。

2024年12月現在、インバウンド需要は円安影響もあり順調に回復、全国的にはコロナ禍前の水準を超える外国人観光客を呼び込み、各地域に恩恵をもたらしている一方、コロナ禍で落ち込んだ就業率は、特に地方での人手不足に拍車をかけ、宿泊・飲食業への就業者が大幅に減少するなど、地域間の差がさらに拡がる懸念もあります。「新しい日常」の代表格として持ち上げられたテレワークも、居住地選択の自由度が高まり、地方に暮らしながら東京の企業に就業するといった働き方の増加が期待されたものの、未だ大きな変化をもたらしたとは言えません。「100年に1度」と言われるこの度のパンデミックは、あらためて、地方が抱える問題の難しさ、根深さを浮き彫り

にしました。

　しかし一方で、困難な状況の中からも新しい商品やサービスが生まれました。「ライバル同士が手を組んでつくった土産物詰め合わせ」「スポーツジムのスタジオレッスンや音楽ライブのオンライン配信」「地元の飲食店と協業したデリバリー店舗の展開」など、コロナ禍という危機をチャンスに変えた事例がたくさんあります。むしろ、危機だからこそ生まれたものと言ってもいいかもしれません。

　これらの新しい取り組みは、新たなお客さまを呼び込み、減少した雇用機会を創出し、見事にまちの営みを再生させました。そして、これらの商品やビジネスの中には、現在もそのまま定着しているものも多くあります。新しい商品やサービスを創り出すことは想像を超える大変な苦労があったことでしょう。しかし、困難な状況を突破した事例には共通して、「私のまちを何とかしたい」「私の店を何とかしたい」という人たちの熱い想いと、強い意志があったように思います。

　ふるさと未来デザインは、今ある日常からのスタートです。コロナ禍のような環境の激変ではないにしても、地方のまちは、将来に向かって多くの問題や解決すべき課題を抱えています。そして、そんな困難に立ち向かい、あきらめず、へこたれず、前に進むことができるのは、まちを愛し、まちの未来に「想い」や「夢」を抱いている人以外にはありません。

「わかもの」「よそもの」「ばかもの」。地域活性やまち起こし、いわゆるイノベーションが求められる領域で必要な力として語られてきた言葉です。困難な状況を突破するためには、外部の人の英知を頼り、大いに活用すべきだと思います。しかし、あくまでも、今ここにいる私たち自身が、「若者が持つ無限のエネルギー」「余所者が持つ異なった視点・視座」「馬鹿者が持つがむしゃらに突き進む行動力」を持つことが突破口を開くのだと考えます。

　挑戦には失敗がつきものです。最初からうまく行くことの方が稀なことです。失敗を恐れず、まずは一歩踏み出しましょう。それがどんなに小さな一

歩でも、成功すれば、確実な前進です。「千里の道も一歩から」という老子の言葉にもあるように、1つひとつの小さな成功を積み重ねることで、必ず、みなさんが描く未来のふるさとの姿へとたどり着くことができます。

　本書では、「原石を見つけ、商品やサービスをつくり、世の中に出す」というふるさと未来デザインの第一歩として、みなさんと挑戦していきたい取り組みについて述べてきました。しかし、ゴールまでの道のりはまだまだ長く、解決すべき課題も多いと思います。私たち「ふるさと未来デザイン研究所」は、そんなみなさんを応援し、少しでも力になれるよう、みなさんと共に活動を続けていきます。

　最後に、本書を執筆するにあたり、私たちに地域ブランドの商品開発・サービス開発という貴重な経験をさせていただいた地域のみなさま、まちの課題や取り組みなど様々な興味深いお話を聞かせていただいた自治体のみなさま、企業や団体・商店街のみなさまに、心より感謝を申し上げます。

　　2024年12月

　　　　ふるさと未来デザイン研究所

執筆者プロフィール

山口 昌利（やまぐち　まさとし）

飲料メーカー勤務

京都府出身、筑波大学第三学群社会工学類卒、神戸大学経営学部大学院博士課程前期終了

飲料メーカーに入社後、主に国内・海外での飲料の商品開発とマーケティングに従事。あわせて事業のビジネスモデル変革やM＆Aによるバリューチェーン強化を推進してきた。第2章を担当。

川瀬 智士（かわせ　さとし）

ビジョニング・パートナーズ（株）代表

大分県出身、東京大学工学部卒

リクルートに入社後、外資系コンサルティング会社で経験を重ね、パートナー職を経たのち、経営コンサルティングを手掛ける現会社を起業。メーカー・金融・IT・行政など様々な業種へ対応している。第1章・第5章を担当。

工藤 英資（くどう　えいし）

（株）ベリースパイス代表・戦略クリエイティブ

東京都出身、早稲田大学第一文学部卒

（株）東急エージェンシーに入社。マーケティング、営業、コンサルティング会社出向、メディアプラン、クリエイティブ、事業開発などを歴任。2018年に独立し「ベリースパイス」を立ち上げる。第3章を担当。

木幡 健一（こはた　けんいち）

宮城県出身、東京農工大学工学部卒

（株）東急エージェンシー

（株）東急エージェンシーに入社。マーケティング、経営管理、ソリューション、営業部門を経験。食品・医薬品・流通・新サービスなどの様々な業種の生活者向けマーケティングを担当する。現在、同社ビジネスデザイン統括本部長。第4章を担当。

ふるさと未来デザイン
地域の魅力を発見・発信するためのマーケティング実践ガイド

2025年2月14日　第1版第1刷

著　　　者	ふるさと未来デザイン研究所
発　行　人	高坂 俊之
発　行　所	株式会社東急エージェンシー
	〒105-0003 東京都港区西新橋1-1-1　日比谷フォートタワー
	電話 03-6811-2402
	https://www.tokyu-agc.co.jp/business/publish_books.html
カバーデザイン	株式会社アンカー
イ ラ ス ト	河南 好美
印 刷・製 本	精文堂印刷株式会社